本书出版得到中央高校基本科研业务费青年教师培育项目（项目编号：20wkpy105）、广东省社科联基地"珠三角改革发展研究院创新驱动发展研究中心"、佛山众陶联的资助。

国 | 研 | 文 | 库

同舟共济

——产业集群集体行动研究

丘 晴 丘海雄————— 著

光明日报出版社

图书在版编目（CIP）数据

同舟共济：产业集群集体行动研究 / 丘晴，丘海雄

著 . -- 北京：光明日报出版社，2021.5

ISBN 978-7-5194-5936-9

Ⅰ . ①同… Ⅱ . ①丘… ②丘… Ⅲ . ①产业集群—研

究—佛山 Ⅳ . ① F127.653

中国版本图书馆 CIP 数据核字（2021）第 066718 号

同舟共济：产业集群集体行动研究
TONGZHOU GONGJI:CHANYE JIQUN JITI XINGDONG YANJIU

著　者：丘　晴　丘海雄	
责任编辑：郭思齐	责任校对：李小蒙
封面设计：中联华文	责任印制：曹　净

出版发行：光明日报出版社

地　　址：北京市西城区永安路 106 号，100050

电　　话：010-63169890（咨询），010-63131930（邮购）

传　　真：010-63131930

网　　址：http://book.gmw.cn

E – mail：guosiqi@gmw.cn

法律顾问：北京德恒律师事务所龚柳方律师

印　　刷：三河市华东印刷有限公司

装　　订：三河市华东印刷有限公司

本书如有破损、缺页、装订错误，请与本社联系调换，电话：010-63131930

开　本：170mm×240mm			
字　数：123 千字		印　张：11	
版　次：2021 年 5 月第 1 版		印　次：2021 年 5 月第 1 次印刷	
书　号：ISBN 978-7-5194-5936-9			
定　价：85.00 元			

序

产业转型升级的经济目标是提升经济效益和竞争力。经济效益和竞争力的提升有多种途径。通过制度创新可以减少交易成本，激发生产者的积极性；通过技术创新可以节省生产成本，提高产品质量和增加产品功能；通过组织创新可以加强专业化分工合作，发挥外部规模效应和形成集体行动。

改革开放以后，广东的经济发展在国内一直名列前茅，除了改革开放先行一步，率先加入全球价值链分工，另一个重要因素是得益于星罗棋布的产业集群。广东省制造业在空间上高度集中，规模庞大、配套完善、产业链完整。产业集群的研究结果表明，在其他条件相同的情境下，在空间上聚集的产业比在空间上分散的产业效益更好，竞争力和生命力更强。

尽管广东具有产业空间聚集的优势，但是与发达国家相比，早年同一产业集群内的企业之间和相同产业不同地区的产业集群之间的分工合作不够充分。企业"宁当鸡头，不当凤尾"，缺乏生产环节或产品类型的分工合作。地方政府有支持龙头企业的"龙腾计划"和支持中小企业的"星光计划"，却缺少鼓励大企业带动中小企业的优化产业组织的政策工具。因此，产业集群的外部规模效应和集体行动的优势未能充分发挥。我们总结过在这方面做得相对较好的中山市大涌镇红木家具、潮州市庵埠镇食品和佛山市平洲镇玉器等产业集群在分工合作、集体行动的经验，但是毕竟是凤毛麟角，而且推广不易。2000年年初我们就将之概括为"高度聚集、低度整合"，一直盼望广东的产业集群能走出"低度整合"的困境。

我们在两年多以前开始进行的众陶联案例的研究终于让我们看到了曙光。国内以众陶联为师的众家联、众铝联、众塑联等20多个依托产业集群抱团发展的产业服务平台不断涌现，使我们激动不已，立志进行系列性的深入追踪研究。这本书便是追踪研究的第一项成果。

众陶联产业链服务平台（简称"众陶联"）是由中国多家陶瓷民营企业为转型升级而抱团发起的新型产业组织。面对单个企业难以解决的陶瓷行业"高污染、高耗能、非标准"难题，2016年3月中国15家陶瓷同行竞争性企业通过"产业＋互联网＋金融资本"的路径，共同投资成立了众陶联产业链服务平台。经过三年多的发展，平台社会经济效益显著。截至2019年11月，加入平台的陶瓷企业903个，其产值占中国陶瓷产业的53%；入驻供应商7325个；平台交易流量达461亿元；平均为企业降低采购成本10.58%。众陶联通过建立新型产业组织，探索出同行企业形成集体行动的有效、可行模式，在此基础上展开了推动陶瓷行业踏上智能制造高质量发展征程的新探索。

众陶联在组织功能、组织形式、体制机制上实现了深刻的非技术性的组织创新。众陶联的"功能新"体现在打破产业集群"高度聚集、低度整合"的局面，成为产业一体化的"催化剂"，编织产业网络的"蜘蛛精"；提供企业抱团解决行业发展公共问题之道，破解了规模效应与竞争活力不可兼容的"马歇尔难题"。众陶联的"组织新"体现在它是民营的、同行龙头企业抱团组建的股份制企业。我们认为与传统产业组织比较，它是"三不是""三不像"的组织。"三不是"指的是：不是政府，却承担了部分政府应该承担但是无暇或无力承担的责任；不是行业协会，却发挥了行业协会本应发挥但是发挥不好的集体行动组织者的作用；不是"互联网＋"的消费平台，而是"＋互联网"的制造业平台。"三不像"指的是：不像一般的产业联盟组织松散，缺乏激励机制；不像一般的公共服务平台缺乏行业经验；不像单个企业仅利己。众陶联的"机制新"体现在探索出行业发展集体行动的三大新机制。首先是发展机制新。开创产业合伙人制度，由多家民营同行企业出资组建，并引进其他企业和产业合伙人，产权明晰，有强烈的生存和营利动机，企业化运作，同时以抱团发展为宗旨。其次是激励机制新。以多层次的"利己"机制为纽带，激发各方积极性和调动人力、产业、金融、政府多方资源促成行业抱团，施行"利众"大计。最后是约束机制新。发扬"支部建在连上"的优良传统，将党小组组建在业务链上，实现党建工作与业务发展的有机融合，防止治理行业腐败过程中滋生组织内部的腐败问题，助力业务健康发展。

在众陶联成立之前，一些行业也曾经有过抱团的尝试，但大多以失败告终。众陶联为什么能成功？我们访问众陶联大股东东鹏公司的董事长何新明时，他用"天时、地利、人和"六字来解释。

"天时"指一方面行业发展面临产能过剩、市场低迷、竞争过度、出口受阻、成本增加、利润下滑等诸多发展瓶颈，急需调整、急需提升、急需转型；另一方面国家提出从"供给侧"和"需求侧"两端发力，通过推动"大众创业、万众创新"和"互联网＋"等供给侧改革，着力培育壮大"新动能"。外部环境的倒逼压力和国家政策导向使陶瓷行业在主观上对抱团发展的必要性和迫切性产生高度认同，客观上提供了便利条件和政策支持。

　　"地利"指众陶联坐拥促成产业集体行动的地利。佛山"人杰地灵"，宜工宜商宜居宜创，是全国先进制造业基地、广东重要制造业中心。佛山陶瓷产业历史悠久，拥有全国建筑陶瓷产业中产业链配套最齐全、产业体系最完善的产业集群，年产值近千亿元，达到世界范围的"六个最大"：世界最大的陶瓷配套中心、世界最大的陶瓷研发中心、世界最大的陶瓷人才中心、世界最大的陶瓷信息中心、世界最大的陶瓷品牌中心、世界最大的陶瓷交易中心。佛山陶瓷产业高度的集群化为抱团发展提供了可能性和便利条件。

　　"人和"指众陶联的领导班子多年在陶瓷行业打拼，是极具企业家精神的产业精英，对生产、科研、销售以及整体经营的每个环节和供应链的逻辑了如指掌。他们能精确诊断行业的痛点，找准集体行动的切入口和突破口。同时他们拥有广泛的人脉资源，在众陶联组建过程中对动员各方行动主体参与以及整合相关资源发挥了重要作用。众陶联的发展也离不开行业协会的支持。在众陶联成立之前，佛山陶瓷行业协会牵头，多家陶瓷企业共同出资注册成立了佛山陶瓷产业联盟，由行业协会代为托管，解决一些单个企业解决不了的问题。地方政府亦对众陶联提供了有力的支持。时任广东省委书记胡春华，省长朱小丹等领导多次要求众陶联汇报工作和专门对众陶联提出了工作要求和思路。佛山市政府指定一位副市长负责联络众陶联的工作。国家、社会和市场形成合力，共同推动了众陶联的发展。

　　"天时、地利、人和"侧重于解释众陶联在特定时空环境下为什么能成功。雨后春笋般涌现的20多个抱团发展的传统产业的产业服务平台，从抽象的层面可归因于两个重要因素。一是传统产业面临的种种困境形成的倒逼机制。以前是卖方市场、生产要素成本低廉、环保约束松懈，企业可以单打独斗。但是今非昔比，如果不抱团取暖，日子必定难熬。二是技术进步，互联网、大数据、人工智能大大节省了抱团发展的交易成本。试想要搭建连接供需双方的供应链集采平台，完成几百亿的交易，如果没有这些技术的支持，何以可能？

众陶联案例研究的理论价值可从三个角度来思考，从产业集群理论的角度，众陶联可能是一种强化集群外部经济规模效应、促成行业集体行动的集群升级模式；从产业生态系统理论的角度，众陶联可能是一个强化产业生态系统的两面市场的商业模式；从创新理论的角度，众陶联可能是一种较技术性创新风险低、成本收益高并且有助于技术性创新的非技术性创新，是一种颠覆性的源创新。众陶联案例研究的实践价值主要体现在有助于帮助我们解决三个问题：移动互联网时代如何利用互联网工具提升产业价值，实现实体经济与虚拟经济的有效融合；"再工业化"浪潮中实体经济如何通过产业组织创新助力转型升级；地方政府的产业政策如何与时俱进，创新产业组织政策工具，强化对产业公共服务平台的支持。

此外，通过众陶联案例的研究，我们还提出了有理论和实践意义的两组相对的概念："互联网＋产业"和"产业＋互联网"，以及"平台资本主义"与"平台社会主义"，期望有助于未来的研究。

"大数据""互联网＋"时代，融合"互联网＋"思维已成为产业发展中不可扭转的趋势，"互联网＋"平台如雨后春笋般蓬勃发展。我们将互联网搭建平台的商业模式区分为"互联网＋产业"与"产业＋互联网"两种形态。"互联网＋产业"由商业资本驱动；掌握互联网技术者涉足生产和消费的双边市场，在平台权力体系中实体企业被边缘化，靠烧钱、流量形成同行业或价值链的垄断；数据私有化，对社会经济产生广泛、深刻的影响。它非预期的负面影响包括侵犯隐私、消费者先甜后苦、挤压实体经济生存空间，社会结构、生活方式和雇佣关系异化，乃至影响社会稳定。英国学者尼克·斯尼塞克站在马克思主义的立场上，根据其私有、垄断、剥削和异化的特征，将之概括为"平台资本主义"。

"互联网＋产业"平台损害实体企业利益的事件频现。根据我们以前的调研得知，如某电商平台向某床垫厂家提出，原出厂价280元的微利床垫价格降低至150元，只需保证外观一样，不管里面用料。厂家不同意则失去订单，同意则砸了自家招牌。

"产业＋互联网"，如众陶联，由工业资本驱动，实体企业主动利用互联网技术搭建产业链平台，无意靠烧钱、流量形成行业和价值链垄断，乐于集体分享数据，致力于化敌为友协同解决产业发展共性难题，助力实体经济转型升级。这种模式的优势在于既有产权明晰的激励效应，又有社会大生产的外部规模效应，鱼与熊掌兼得，发挥了一部分政府、行业协会应该但是难以发挥的作用，利己利众。我们称之为"平台社会主义"。

我们认为，无论是学术界还是政府，都应深入研究、反思互联网对社会经济的影响，尤其是如何"扬善抑恶"，小心防范其非预期的负功能，充分发挥其积极的正功能。为了保护我们赖以生存的实体经济，多支持"产业＋互联网"平台，多为"平台社会主义"唱赞歌。众陶联案例引起两位海外著名产业转型升级学者浓厚的兴趣。我们曾在中山大学分别向芝加哥大学政治科学系盖瑞·哈瑞格尔教授和杜克大学全球价值链理论创始人盖瑞·葛瑞非教授介绍众陶联案例。盖瑞·哈瑞格尔教授认为众陶联是一种独特的非西方产业治理机制，既能保持产业内部单个企业独立性，发挥企业灵活性和专业性的竞争活力，又能加强企业间的合作，发挥外部规模经济效应。这正是现代产业组织理论所要探索的核心命题"马歇尔冲突"，即探寻既能避免垄断的弊病又能实现规模经济的有效条件。我们与盖瑞·葛瑞非教授讨论过众陶联案例。他认为众陶联是中国制造业实现价值链升级的新模式，对于发展中国家进入全球价值链附加值更高的环节，最终从全球生产中获得更多利益具有重要借鉴意义。两位学者皆认为，众陶联是中国独特的产业组织创新和中国经验的典型代表。

丘海雄

2020年8月于广州

目 录
CONTENTS

导　论

一、研究的缘起

当前中国经济正从高速增长阶段向高质量发展阶段转变。在土地、劳动力成本上涨，资源环境约束加强，全球经济低迷的多重挤压下，实体经济发展举步维艰，"脱实向虚"问题日益严重，对行业开展集体行动形成了倒逼机制。在国外，产业集体行动主要由行业协会主导推动。中国行业协会、商会等民间组织发展相对滞后，经济领域集体行动的成功案例不多。个别成功案例主要归功于协会会长的公心，制度化、组织化程度高的更是寥寥无几。过往的研究表明，广东产业集群具有"高度集聚、低度整合"的特征，集群内部各企业间单打独斗较多，缺乏合理的分工和协作，难以形成有助于发挥集群外部规模效应的集体行动。

以大数据、物联网、移动物联网和云计算为代表的新一代信息通信技术的快速发展，深刻改变了中国经济的格局和产业版图，对中国经济发展路径产生了变革性的影响。在当前的数字经济时代背景下，新一代信息通信技术为消除组织创新的障碍提供了崭新的技术手段和实现工具[①]，大幅度降低了交易成本[②]，使经济领域的集体行动成为可能。新型产业组织不断涌现[③④]，重塑了传统的产业组织方式和产业生态体系[⑤]，成为产业转型升级的新动能。

倒逼机制和技术进步，使集群化的传统产业的产业组织创新既有必要性也有便利性，形成了企业从"单打独斗"到"抱团发展"，集群从"高度聚集、低度整合"到"高度聚集、高度整合"的发展趋势。由15家佛山陶瓷企业寻求转型升级而抱团发起的佛山众陶联互联网产业服务平台（以下简称"众陶联"）是中国为数不多的实现多方经济行动主体间组织化、制度化抱团发展的成功案例，为振兴发展实体经济开拓了崭新的思路。在众陶联的示范带动下，众家联、众皮联、众塑联、众衣联、众铝联、众灯联、众石联、众农联、众器联、众医联等20多个众系列产业服务平台在省内外纷纷成立。这表明众陶联的模式受到不同行业的认可，在不同的行业并且不局限于传统制造业具有可复制性、可推广性。

众陶联成立至今受到各级党委、政府领导的高度重视和支

① HANSEN R, SIA S K. Hummel's Digital Transformation Toward Omnichannel Retailing: Key Lessons Learned[J]. MIS Quarterly Executive, 2015, 14（2）：51–66.

② 杜传忠，王飞.产业革命与产业组织变革——兼论新产业革命条件下的产业组织创新 [J]. 天津社会科学, 2015（2）：90–95.

③ KENNEY M, ZYSMAN J. The Rise of the Platform Economy[J]. Issues in Science and Technology, 2016, 32（3）：61–69.

④ GAWER A, EVANS P C. The Rise of the Platform Enterprise: A Global Survey[R].The Center for Global Enterprise, 2016.

⑤ 李海舰，田跃新，李文杰.互联网思维与传统企业再造[J].中国工业经济, 2014（10）：135–146.

持。成立之初，时任广东省省长朱小丹、副省长袁宝成作出批示，积极支持众陶联发展并及时总结推广众陶联的经验。央视专题片《将改革进行到底》将众陶联作为全国供给侧结构性改革的唯一典型案例做了重点介绍。2018年5月11日，国家商务部专门召开全国供应链创新与应用工作会议，众陶联作为全国唯一一家供应链管理创新典范单位，分享供应链创新与应用的经验。自新型冠状病毒疫情暴发以来，我们以众陶联案例研究为基础形成的两篇政策研究报告——《借鉴佛山众陶联新型产业组织抗疫经验，推动我省制造业行业抱团抗疫发展生产》和《抓住智能化转型升级契机 助力我省中小微企业直面困境谋升级》，通过广东省社科联《南方智库专报》报送广东省委省政府，均获广东省委常委批示。

以制造业为代表的实体经济是国民经济可持续发展的支撑力量，是维持社会和谐稳定的重要基石。党的十九大报告明确指出，现代化经济体系建设必须把发展经济的着力点放在实体经济上，推动实体经济转型发展需要实现与互联网、大数据和人工智能的深度融合，培育新增长点，形成新动能。当前中国已经进入互联网与制造业深度融合的关键期，深入研究破解产业集体行动困境的新型产业组织，为优化中国产业组织政策提供参考，对于中国深化创新驱动战略、推进供给侧结构性改革、振兴实体经济、实现高质量发展具有重要的实践意义。

本书通过对众陶联的案例研究，破解产业集群制造业企业何以通过产业组织创新实现有效分工与有序竞争的难题，突破产业集体行动的困境，并结合中国的制度背景，探讨如何充分发挥国家、社会与市场的合力培育发展新型产业组织，为推广众陶联经验以及完善相关政策建言献策。本书将集体行动视角引入产业组织创新研究，丰富经济领域集体行动理论，为产业转型升级研究领域和产业政策学者提供实证研究资料，为企业、协会、商会高管等实践工作者提供经验借鉴，为政府决策者提供决策参考。

二、研究方法

案例研究在回答"怎么样"的问题上具有突出的优势，并有利于在特定情境中把握现象的丰富性。[①] 本书旨在研究在中国特定制造业发展情境下何以通过产业组织创新实现有效分工与有序竞争的难题，突破产业集体行动的困境。因而选取典型的案例研究，通过对众陶联从2018年5月至2020年6月两年多的深入追踪研究，总结分析新型产业组织特点及其成因，提出优化中国产业组织的可行路径。

本案例研究的数据主要从两个来源收集。第一，系统地收集并整理各途径可获得的二手资料，包括众陶联提供的内部资料、众陶联官网信息、相关媒体报道、陶瓷行业信息、政府相关支持政策。第二，通过半结构访谈法收集资料。在众陶联高层负责人的支持与协助安排下，与众陶联主要高层决策者和管理者、平台发起企业、参与企业、供应商、产学研联盟、行业协会、战略合

---

① WEICK K E. The Generative Properties of Richness[J]. Academy of Management Journal，2007（1）：14-19.

作机构等相关行动者进行半结构化访谈，获得了较翔实的一手资料。通过不同行动者提供的观点和数据相互印证以及一手与二手数据相互比对等措施提高数据的客观性和有效性。在案例研究和写作过程中通过电话、邮件、微信等方式与受访者联系以明确细节，最大限度提高信息的真实性与完整性。

三、内容结构

本书共分四个部分。第一部分介绍众陶联案例的总体概况，梳理众陶联建立的历史背景、发展历程、业务架构以及发展成效。第二部分从组织功能、组织形式、体制机制三个维度，通过与传统产业组织相比较，总结众陶联作为新型产业组织的主要特点。在此基础上从产业集群、创新理论等理论视角分析新型产业组织的理论和实践价值。第三部分在回顾集体行动理论和广东产业集群集体行动现状与问题的基础上，从集体行动的视角，总结众陶联促成陶瓷产业集体行动以及提高集体行动效率的经验。第四部分通过对相关产业政策的梳理，反思目前我国产业政策存在的问题，厘清支持众陶联这一类基于互联网的新型产业组织的重要性，利用政策文献分析方法和案例访谈资料，对当前相关政策的目标、政策工具及其有效性进行评估，并提出政策建议。

第一章　众陶联的总体概况

第一节　众陶联的发展背景

一、佛山陶瓷产业的发展历程

丰富的瓷土、悠久的制陶文化、完善的配套产业和庞大的消费市场是中国发展陶瓷产业的四大优势，形成广东、福建、江西、四川、山东、广西、河南、湖北、辽宁、陕西十大产区。

在广东石湾，唐代已出现商品性的陶瓷生产。宋代，石湾陶瓷产品逐渐形成了专业化、规模化的生产体系。明代，石湾陶瓷业进入繁荣时期，石湾在当时作为民间陶瓷商品生产的集中地，已经形成显著的行业生产特色，陶瓷制造技术逐步完善。石湾陶瓷业在清代进入鼎盛时期，各式日用陶瓷品大量生产，并通过"海上丝绸之路"大量远销东南亚和欧美各国市场，佛山成为当时生产技术和商品经济都相当发达的陶瓷生产营销基地。清代中期以后，特别是鸦片战争以后，佛山的陶瓷业由停滞走向衰落。

改革开放后，以石湾为龙头的佛山陶瓷业抓住千年一遇的发展良机，迅速调整生产布局，引进先进设备，改革生产技术，开发建筑装饰陶瓷，千年陶都再度辉煌。改革开放初期至20世纪80年代末，佛山建筑卫生陶瓷开始起步，标志着中国现代化建筑卫生陶瓷产业的兴起。1982年，广东佛陶集团率先在中国引进第一条意大利年产30万平方米彩釉砖自动生产线。80年代中期，佛陶集团又率先在中国从德国引进了第一条现代化的卫生陶瓷生产线，标志着中国陶瓷业迈出了告别传统工艺和传统生产方式的第一步。

20世纪90年代初期至中期，佛山陶瓷企业数量迅速增加，生产能力迅速提高，产品产量成倍增长。佛山陶瓷产业在这一阶段实现快速发展。此时，佛山陶瓷产业供需达到平衡，产品的内销主要依靠本地和各地的陶瓷批发市场，产品的出口以补偿贸易为主，出口贸易量不大。

20世纪90年代中期到末期，建筑卫生陶瓷的生产能力急剧扩大，增幅达到60%，供大于求的局面开始出现。当时的陶瓷产品依然以内销为主。1999年，佛山陶瓷年出口金额约为7000万美元。21世纪初至今，佛山陶瓷开始走上技术创新、产品品牌战略和市场开拓的发展之路。陶瓷生产企业开始注重技术装备水平的提高，陶瓷产品品种不断创新。产品不但在国内具有领先水平，而且部分达到国际水平，有较强的竞争力。2006年以后，佛山的建筑陶瓷生产规模达到了顶峰，当时有陶瓷企业500多家，生产线1200多条，产能近15亿平方米/年，占当年全国产量的近半壁江山。

随着佛山商业中心地位的提升，政府提出产业整治。迫于环保和成本压力，佛山陶瓷开始产业转移，邻近广东的江西省成为承接佛山陶瓷的热点地区，形成了今天我国建筑卫生陶瓷产业新格局。在广东省内，除佛山以外，还形成清远、河源、肇庆、恩平四大生产基地。目前，佛山陶瓷已经出口到100多个国家和地区，总产量约20亿平方米/年，总产值超过1000亿元/年，产量占全国30%以上，出口量占全国70%以上。

二、佛山陶瓷产业的主要特征

与珠江东岸以接受国外产业、技术、资金、人才、管理转移和国外市场为主的外源型产业集群不同，佛山陶瓷产业集群是依托国内市场，以民营企业为主，利用区域内相关要素发展起来的内源型产业集群。佛山陶瓷产业以集群化的方式实现快速增长，产业高度集聚、配套完善，呈现以下主要特征：

第一，品牌优势明显。具有一大批竞争力强的企业，涌现了鹰牌、东鹏、新中源、新明珠、蒙娜丽莎、钻石、金舵、箭牌等八个中国名牌。新中源、东鹏还获得了中国驰名商标的殊荣。

第二，生产技术装备处于国内领先水平。佛山市共拥有近千条陶瓷生产线，大部分是引进和消化吸收的先进设备，高效、节能、自动化程度高，还有窑宽3.5米、长超过200米、日烧釉面砖超万平方米的辊道窑等。

第三，工艺水平不断提高，新技术、新产品层出不穷。在引进国外先进技术和装备的基础上，消化吸收并不断地改进和创新，佛山陶瓷产业在产品研制和工艺创新上处于全国先进地位，如墙地砖一次、二次烧成技术，低温快烧技术，辊筒印花技术，微粉砖生产技术等都被广泛地应用。瓷质耐磨抛光砖技术已达到世界领先水平，产品不断推陈出新。

第四，出口快速增长。到了2000年以后，建筑陶瓷出口逐年快速增长。至今，佛山陶瓷出口遍及世界150多个国家和地区，已成为佛山市外贸出口的新增长点。

第五，形成庞大的专业市场体系。目前佛山陶瓷专业市场总面积超过100万平方米，其中华夏陶瓷博览城60万平方米，中国陶瓷城6万平方米，还有国际陶瓷博览中心、城南市场、置业市场、华艺装饰市场、沙岗市场等陶瓷批发市场和江湾路陶瓷一条街、南庄大道陶瓷一条街等，年销售额逾100亿元。

第六，技术装备、釉料、配件、人才信息等产业配套完善。佛山陶瓷行业地理位置相对集中，配套服务企业众多。原材料及设备配套企业多达300多家，营销机构逾千家。相关配套产业如陶机、原料、配件，甚至专业媒体也相当发达。佛山市以力泰、科达等为主的陶瓷机械设备制造业发达，陶瓷压机占全国的80%，抛光砖压机占全国的85%。亚洲最大的制釉企业——大鸿制釉公司也落户佛山，还有辊棒、耐火材料、模具、配件、筛网等几百家产品配套企业，形成了一个完整的供应服务网络配套体系。在产业集群效应的带动下，佛山陶瓷研发人才、销售人才、策划人才、生产技术人才的市场发达，成为陶瓷产业人才的重要集散地。

三、佛山陶瓷产业取得的成就

作为佛山传统支柱产业之一，陶瓷产业在佛山经济版图中占有重要地位。佛山成为全国建筑陶瓷产业中产业链配套最齐全、产业体系最完善的产业集群，年产值近千亿元，获国家商务部授予"国家专业外贸转型升级示范基地"、国家质检总局授予"全国陶瓷知名品牌示范基地"殊荣，拥有世界范围的"七个最大"。

第一，世界最大的陶瓷配套中心。陶瓷机械销量占全国的80%，占全球的50%；陶瓷色釉料销量占全国的50%；陶瓷模具等销量占全国的30%。佛山是全国建筑陶瓷产业中产业链配套最齐全、产业体系最完善的建筑陶瓷产区。

第二，世界最大的陶瓷研发中心，拥有国字号研发机构12家。

第三，世界最大的陶瓷人才中心，被誉为全国陶瓷行业的黄埔军校。

第四，世界最大的陶瓷信息中心，陶瓷媒体达36家，承办了全国大部分陶瓷论坛。

第五，世界最大的陶瓷品牌中心。全国10000个陶瓷品牌之中，佛山拥有8000多个，其中活跃的达2000多个。

第六，世界最大的陶瓷交易中心。泛佛山陶瓷销量占全国的60%，拥有中国陶瓷城、瓷海国际、陶瓷总部基地、华夏陶瓷博览城等多个交易基地。

第七，世界最大的陶瓷出口中心。佛山陶瓷出口总量占全国的61.76%。

四、佛山陶瓷产业面临的困境

陶瓷属于劳动密集型和原料依赖型的传统制造业。改革开放以来，引进吸收了欧美先进国家的装备、技术和供应，迅速地与国内的陶瓷文化、陶土等资源进行结合，在国际上形成了独有的优势，产能占全世界的60%。历经40多年的快速发展，随着中国劳动力减少、企业用工成本增加、节能环保要求提升，国内陶瓷产业在2012年后遇到了企业环保治理任务重、生产成本高、销路不畅、卖价下滑等重重困难，面临"五个困局"的严峻挑战。

第一，物料成本、人工成本、经营成本等不断攀升的成本困局。陶瓷产业是典型的高耗能、高耗水、高污染和低附加值的行业。在陶瓷的生产过程中，燃料成本约占30%。近两年，油价飙升已使燃料成本提高到40%左右，这对以燃油为主要原料的陶瓷企业产生巨大冲击。随着石油价格上升，化工原料、色釉料、包装材料等价格上涨，再加上技术工人短缺，用工费用增多，佛山陶瓷产业的生产成本大幅上升。另外，瓷土资源紧缺。市场需求逐年攀升，陶企"断炊"的威胁给陶瓷行业带来切肤之痛。然而，陶瓷产品的价格却并未出现相应上扬，企业陷入困难的境地。

第二，环境保护欠账大而带来的环保困局。陶瓷产业的废气、二氧化硫及工业粉尘的排放量均居各行业前列。佛山陶瓷企业以民营企业为主，多数企业家的环保观念不强，不注重环境保护，对环保方面的技术改造投入不够。国家对环保越来越重视，环保已经从可有可无的问题成了大是大非的问题，成为陶瓷企业的"生死之门"。如果环保不达标，企业要么搬厂，要么关闭，两者都要付出巨大的代价。

第三，自主创新能力不强、低成本行业恶性竞争困局。佛山陶瓷的技术装备国内领先，但与陶瓷强国意大利、西班牙相比还有较大差距。在技术创新和改造方面，大多数企业投入不足，缺乏研发能力，出现偷技术、产品同质化、技术纠纷多等不良现象，核心竞争力不强；产品设计方面，新产品数量不多，大部分企业竞相仿效，缺乏自主开发能力；产品开发方面，没有走出经验型、引入型、模仿型和实用型之路。佛山陶瓷制造业存在低层次同质化的恶性价格竞争，同行之间缺乏抱团协作，价格战"内耗"严重。同行之间的价格战影响了中国陶瓷在国际市场上的口碑，使中国陶瓷被迫与"低价、劣质"画上等号。

第四，家族式经营、行业标准缺失而形成的规范化困局。长期以来，佛山陶瓷行业由于生存压力不大，大部分民营企业采取家族式管理，内部管理漏洞和缺陷多。家族式管理加上行业标准的缺失，为行业腐败提供了温床。原材料采购过程受企业内部人员控制，供应商与企业内部人员形成利益链条，每个月根据采购量向技术人员和采购部提供回扣。采购哪家，不采购哪家，有时连企业老板都说了不算。这些回扣最终由陶瓷企业承担，无形中提高了企业的隐性成本。

第五，消费结构改变、产能过剩、终端销售受阻而形成的市场困局。陶瓷产业作为典型的传统制造业，多年来依靠资源优势、劳动力红利和引进消化世界先进的设备技术，产量占世界的一半，使我国成为世界陶瓷制造大国。目前，国内和国际市场面临严重的产能过剩，以前只是依靠要素资源优势、走低端路线的陶企最受影响，如今走中高端市场路线的陶企也难以幸免。在国内市场，中国经济新常态下房地产下行，互联网家装、精装房等兴起和推广导致国内中等消费者的价格预期被拉低。在国际市场，陶瓷行业还面临包括美国在内的37个国家的反倾销，有市场的国家基本都对我国陶瓷行业进行围堵。发达国家特别是欧洲的西班牙、意大利，它们通过创新，通过环保治理，使绿色生产、定制生产、高附加值的产品比例不断提高。包括意大利等高端陶瓷产区也打起了价格战，国内陶瓷企业销往欧洲等地的高端产品面临价格下滑的压力。中国周边的东南亚国家，如印度、印尼、越南等，还有非洲地区，它们的低成本优势，对中国低端陶瓷出口造成严重威胁。

第二节 众陶联的发展简介

一、众陶联的前世今生

在佛山这块历史文化底蕴深厚、产业基础扎实、产业链条完善的产业沃土上，地方龙头企业在陶瓷产业面临单个企业难以破解的难题之时抱团成立了众陶联。

在众陶联成立之前，佛山陶瓷产业为解决单个企业解决不了的问题，已出现了行业抱团发展的萌芽。2014年11月，由佛山陶瓷行业协会牵头，佛山14家陶企每家出资50万，以700万注册资金成立了佛山陶瓷产业联盟投资有限公司。陶瓷产业联盟投资有限公司有抱团意愿，但是找不到有效可行、可持续的抱团发展路径。

2015年12月15日，时任佛山市副市长黄喜忠紧急召开互联网信息和产业结合会，蓝源资本董事长廖文剑、六位行业协会的代表和佛山市商务局、经信局等部门领导到场。会上，在听取蓝源资本董事长廖文剑介绍餐饮行业抱团发展的成功案例"众美联"后[①]，时任佛山市陶瓷协会副会长白梅现场主动向黄喜忠副市长提出由陶瓷行业率先试水"产业互联网"申请。座谈会后的第八天，又一场会议在位于佛山中国陶瓷城五楼的佛山陶瓷协会小会议室召开，14家陶瓷企业代表，以及佛山市商务局副局长王政、科长黄铁出席会议，与蓝源资本董事长廖文剑就"产业互联网"进行了深入沟通。这一次沟通会促成了众陶联的诞生。

从提出申请到正式成立，在短短的76天内，根据中央积极推进供给侧结构性改革和探索制造业转型升级的综合改革精神，在

---

① 2014年3月，蓝源资本携手小南国、向阳渔港等餐饮企业，在上海发起打造了中国餐饮行业最大的"B2B+O2O"全球集采平台"众美联"，全国百城千家知名餐饮企业成为平台合伙人。众美联通过集中采购、集中物流、集中融资、集中打品牌等，帮助平台上的企业降低采购、物流、融资、渠道经营等综合成本10%—30%，并引入供应链金融服务让企业信用变现。2015年6月8日，众美联与纳斯达克上市企业"窝窝"合并，登陆资本市场，开创了国内企业成立仅一年多就成功登陆纳斯达克资本市场的业界范例。

省市政府的直接指导下，浙商蓝源资本做顶层设计，由15家佛山陶瓷企业抱团发展，共同打造的"产业＋互联网＋金融资本"的佛山众陶联产业互联网平台于2016年3月1日正式成立。

二、众陶联的发展宗旨

众陶联成立之初，佛山市委市政府为其制定了24字发展方针："政府引导、市场主导、企业主体、龙头带动、多方参与、抱团整合。"根据这24字方针，众陶联确定了发展定位、愿景、价值观、发展抓手、理念和导向。

众陶联的发展定位是成为陶瓷行业供给侧结构性改革的先手棋；成为陶瓷行业转型升级赋能平台；成为陶瓷行业两化融合服务中心；通过联盟区块链摸索电子商务提高发展质量的新路径；为实体企业转型升级构建可复制的新模式。

众陶联的愿景是做受人尊敬的企业，解决行业痛点，为行业上下游能力提升赋能，开创数字化新时代，实现可持续发展。

众陶联的价值观是众陶联、联众陶、利益大众，含义是源于抱团，联合全行业，以利益平衡企业的付出与回报。

众陶联的发展抓手是以"产业＋互联网"为轮子、以"金融＋资本"为翅膀、以供给侧结构性改革为导向、以降低企业经营成本为入口、以提高产业发展质量为核心。

众陶联的发展理念是不做单个企业能做的事，只做单个企业无法做到的事情；不做改善性的工作，只做颠覆性的事情；不做恶性竞争的工具，只做市场公平竞争的平台；不做落后生产力的保护伞，只做行业质量提升的驱动器；不做单个企业的代言人，只做行业协调发展的服务站。

众陶联的发展导向是做求生存的企业，做轻资产企业、数据服务型企业和以专业和技术来获得核心竞争力的企业。

三、众陶联的业务模式

众陶联从成立至今，随着行业和技术的发展，不断探索新的业务，其模式亦不断迭代发展。这部分我们主要介绍平台成立初期的业务模式，然后简要介绍众陶联当前的业务模式以及面向未来的业务战略布局。

（一）众陶联成立初期的业务模式

众陶联成立初期的主要任务是建构原材物料平台、环保平台、创新平台、金融平台、产成品销售平台、"一带一路"发展平台和大数据平台（图1.1），推动陶瓷产业不同关键环节的抱团发展。

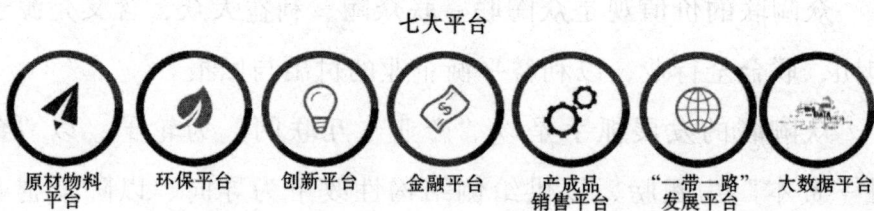

图1.1　众陶联成立初期建构的七大业务平台

1. 原材物料平台

原材物料平台的主要任务是帮助企业降低成本。交易类别包括能源、化工、五金、包装和原料。聚集行业订单是达成这个目标的前提条件。在众陶联平台成立之前，每个企业都会在年末或是年初针对企业需采购的物料进行招投标，但是每个企业单独去做，没有规模效应，降成本效果不明显。更重要的是，由于相关标准缺失，行业内部原材物料采购腐败严重，导致原料供应商和陶瓷企业都承担额外的成本费用。

众陶联每年年底收集企业下一年度原材物料采购的需求情况，聚合行业年度需求形成大订单，整合采购商资源，同时将各项采购标准化、细化，实现采购流程阳光化、透明化；同时，利用大数据遴选优质的供应商支撑大订单的实现，发挥供应商的资源优势，为采购企业提供价廉质优的商品。2017年12月，众陶联向陶瓷企业公开招募2018年大订单价值达338亿元，范围涵盖能源、化工、砂坭、包装、五金机电、品牌推广、服务类七大类别。与2017年241亿元大订单相比，2018年大订单数量实现了爆发式的增长，增长率高达40%。众陶联的原材物料平台通过整合全产业链上下游的力量，抱团争取最低的采购成本和最高的收益回报，达到三方共赢。

众陶联平台根据陶瓷行业的采购需求及经营特点，积极探索新的交易模式和服务模式，形成众陶联平台交易特色，提高服务实体经济的能力。众陶联在B2B平台上创建了原材料交易的五大模式：一是源头交易，与供应上游直接对接，减少中间环节；二是集采交易，整合行业采购需求量，统筹安排发起招投标；三是撮合交易，线上查询及业务洽谈，促成供采双方交易；四是竞拍交易，限时竞价功能，按价格优先原则实施；五是委托交易，实现尾货包销、呆滞料盘活及二手物资变现等功能。

众陶联以集中大单采购为基础，推动完成了陶瓷行业108项物料标准化、36项检测检验标准化、6项采购商付款标准化，通过大单采购、阳光采购、品质采购为企业降成本成效显著。众陶联的合作企业已经超过了4000家，它们对平台的采购服务给予了高度评价。众陶联的原材物料平台自成立以来，两年内的交易额已达358.6亿元。2017年大订单通过聚合行业订单，帮助行业平均降低成本11.6%。其中，为某集团降低砂坭成本32.7%，一年降低成本1.3亿元；为某基地降低能耗13.8%，一年降低成本2600万元；为行业电力成本降低12.6%。行业供应质量明显提升，企业效益显著提高。

2．环保平台

现代建筑卫生陶瓷行业为当今社会提供了不可替代的现代化高品质生活，但是"高污染、高能耗、高排放"的生产特点又使行业被冠以环境污染的恶名。全国各地在治理环境和节能减排使陶瓷行业的发展受到一定阻碍，陶瓷企业的生存状况岌岌可危。要想解决"三高"问题，需集行业内外之合力，攻坚克难，充分运用新技术、新工艺、新装备、新设计和新理念，推动全行业的污染治理和节能环保。沿着低碳发展的路子，才能真正推动陶瓷行业转型升级。众陶联环保平台正是在此背景下应运而生，依托平台聚合行业资源的优势，众陶联将产业链上下游的环保节能项目、技术、设备及服务吸纳进来，再通过行业资源的交流及整合完成产业对接，帮助企业实现节能减排的目标，推动行业可持续发展。

众陶联环保平台开展的工作包括：

建设干法集中供粉基地和湿法集中供粉基地，把陶瓷行业做成绿色生产行业。

对于陶瓷行业来讲，干法制粉是行业转型升级最主要的抓手，也是行业得以生存的最根本的出路。干法制粉在欧洲已经推行了18年，已经发展得非常完善。过去因为环保压力没有现在这么大，所以干法制粉在我国的利用空间比较少。但现在国家加大了执行环保的力度，大量企业被关停，违法的成本非常大，所以必须把它引进来，齐心推动干法制粉项目在广东甚至在全国的落地。干法制粉工艺在山东东鹏基地获得成功后，众陶联联合干法制粉设备供应商、原材料供应商及东鹏、新明珠领衔的多家陶瓷企业合作，共同推动干法制粉集中供粉示范基地在佛山、清远、肇庆、恩平等产地落地。干法制粉工艺减少了70%的污染排放，减少了50%的能源消耗，使生产成本下降了20%。佛山陶瓷行业的排污量占了佛山企业总排污量的22.9%，干法制粉一旦在整个珠三角推动，陶瓷行业的排污量预计将下降6%—8%。

开展环保研究，改变环保工艺流程，建立新型环保技术。例如，陶瓷窑炉烟气HSR脱硝技术，环保日常运营成本可以节约30%以上。某环保公司通过石灰—石膏湿法脱硫、SCR选择性催化还原脱硝的技术应用，接近零排放，排放指标远低于国家标准。

以干法制粉和粉料集中配送项目为先导，推动节能技术的应用。集合一批已拥有产业转化功能，一经投入即可帮助企业实现节能减排、绿色生产的项目，通过众陶联互联网平台在会员企业中推广，以最快的速度实现项目落地。例如，对压机伺服器进行柔性制改造，达到降低噪声、降低油温、降低压机故障、节电20%以上的效果；进行传动技术改造，降低摩擦、延长轴承寿命，节能可达10.23%；提高神工快磨技术，球磨时间缩短至8小时，省电25%。针对陶瓷行业污染治理的重点领域引进先进技术成果，如针对废气减排、粉尘收集、陶瓷废浆集中处理与综合利用、余热利用、环保新产品等最新环保技术开展产业对接或通过众陶联创客中心进行孵化。召开环保推介会，宣传推广环保设备。一方面，鼓励一批眼光超前的陶企，引进先进的环保节能设备；另一方面，让有实力或有潜力、有信誉的环保设备企业脱颖而出。以环保碳资产管理为切入点，为企业提供包括环保咨询、环保诊断及环保难题一揽子解决方案。

3. 创新平台

为了促进陶瓷行业的良性竞争，摆脱价格恶性竞争，众陶联搭建桥梁连接"五新"供应商（新技术、新工艺、新材料、新装备、新设计）与陶瓷生产企业，建立孵化中心、行业专家团队、专利平台、环保平台（干法制粉）推动技术革新、成果转化与产业合作，探索创新的新路径，促进创新创业转化。针对供应商往往专注于技术创新，缺少公关能力，研发产品应用率不高的现象，众陶联创新平台对"五新"企业进行认定，赋予它们特殊待遇，免费把创新产品直接推荐给陶瓷企业的决策者。通过打破以往供应商与企业决策者的信息不对称，为创新型供应商赋能的同时提升陶瓷企业的创新成果吸收和应用能力。

众陶联创新平台成功举办了陶瓷业的创新创业大赛和相关的沙龙活动，并与电子科技大学成都研究院、佛山市南海区广工大数控装备协同创新研究院、佛山市天衡电科科技有限公司、中国科学院广州能源研究所等单位展开合作，建成专利交易平台进行专利交易和技术服务，搜集企业在研发过程中的需要，组织专家跨行业合作，开展服务外包。众陶联的创新平台也将直接参与陶瓷企业的创新创业项目，充当创新创业的孵化器，为项目的实施提供资金，并为项目的参与方设计利益的分配方案。

4．金融平台

众陶联金融平台成立之初，策划成立产业基金，以控股股东为龙头，为产业提供四大金融服务：一是提供供应链金融信贷资金，通过金融资本实现付款标准化；二是对有利于行业转型升级的革命性项目进行投资，例如干法制粉项目，建设行业的环保平台；三是推动物流平台的建设和资金快速流动；四是对中小企业的优秀项目进行贷款扶植，孵化新的设计平台、智能化服务平台等。基金将通过政府公募和私募的形式筹集，形成资金池。

由于涉及金融政策和业务拓展问题，基金未能成立，但众陶联在金融机构的支持下，为解决原材料采购过程中的付款问题，把供应链金融引入支付体系。一般来说，陶瓷行业的采购支付涉及两项成本，即采购的资金成本和风险成本。由于供应商对于收款的时间有资金运作的要求，供应条款会根据付款周期而有所调整。一般来说支付时间越短，供应商给予采购商的价格越低。采购商方面则往往希望能支付时间更长并且采购价格更低。众陶联的金融服务正好解决两者间的矛盾。如果供应商想要在一个月内回款，而采购商却希望推迟两个月付款，此时平台的供应链金融就会给予采购商相应的服务，采购商只需要在采购产品的同时购买两个月的金融服务即可。在众陶联平台上，供应商可以没有风险成本、及时收回货款，将风险转嫁到众陶联金融平台；而采购商虽然需要支付一定的金融成本，但是减少了资金风险成本，总体而言，提高了整体供应链效益。

5. 产成品销售平台

众陶联的产成品销售平台旨在打造建陶产品线上 B2B（Business to Business）交易平台，打通五大渠道，建筑集团、装饰集团、房地产商、大客户和海外客户共研新品、共管品质、共立计划、共赢市场、互利共赢。这一平台直接连接客户与厂家，成功匹配建陶产品生产与需求信息，提供"优质、优雅、优品、优产、优价"五优产品，提高产品质量和产品溢价。

从 2017 年 7 月开始，众陶联 O2O（Online to Offline）交易平台投入运营，企业与采购商实现闭环交易。为打开陶企产品集中供应局面，众陶联携手粤西建设发展联盟，发起"百家建筑集团·千亿采购联盟"活动，来自粤西四市的 15 个商协会、100 家建筑集团，集合年采购陶瓷产品超千亿元的采购需求，与众陶联整合 100 家陶瓷生产企业，100 家新技术、新工艺、新装备企业进行闭环、无缝对接。启动当日，众陶联与粤西联盟建材运营服务中心签署首批500万平方米瓷砖采购项目意向工程订单。众陶联已与中国国储能源化工集团有限公司建立战略合作关系，参与国储中心支建、援建项目分工等。众陶联还与30家参与海外承建的建筑集团建立合作关系，在迪拜、阿联酋、俄罗斯的项目已经开始使用佛山产品，进一步协助陶瓷企业打开国内外市场。

6. "一带一路"发展平台

在国际市场竞争上，众陶联将充分利用好国家搭建的"一带一路"平台，利用其平台效应，开拓多个渠道辅助企业走进"一带一路"沿线国家，以创新设计为手段，以项目订单为工作重点，以中国品牌为必备条件，向外展现中国制造的实力，不断提升企业的国际市场竞争力。众陶联成立了海外超级商贸平台，国内企业聚合在一起，将泛家居产业整合在一起，抱团出海。平台通过打通海外渠道和集聚海外订单，带领我国的陶瓷企业一起走向海外。

平台开展的项目包括：

针对"一带一路"沿线国家和地区，与海关总署（原佛山检验检疫局综合技术中心）合作，建立"一带一路"出口产品质量标准。研究"一带一路"市场分布，为陶瓷企业开拓海外市场提供技术指导。众陶联块煤指数如表1.1所示。

表 1.1　众陶联块煤指数

块煤指数	本期指数	上期指数	增减	增幅
2018/1/15(预测)	158.94	158.39	0.55	0.35%
2018/1/8	158.39	158.18	0.21	0.13%
2018/1/1	158.18	157.82	0.36	0.23%
2017/12/25	157.82	155.61	2.21	1.40%
2017/12/18	155.61	153.67	1.94	1.25%
2017/12/11	153.67	153.45	0.22	0.14%
2017/12/4	153.45	153.32	0.13	0.08%
2017/11/27	153.32	152.08	1.24	0.81%
2017/11/20	152.08	151	1.08	0.71%
2017/11/13	151.00	151.02	-0.02	-0.01%
2017/11/6	151.02	152.58	-1.56	-1.03%
2017/10/30	152.58	154.08	-1.5	-0.98%
2017/10/23	154.08	154.91	-0.83	-0.54%
2017/10/16	154.91	155.38	-0.47	-0.30%
2017/10/9	155.38	156.26	-0.88	-0.57%
2017/9/25	156.26	156.05	0.21	0.13%
2017/9/18	156.05	146.95	9.1	5.83%
2017/9/11	146.95	143.62	3.33	2.27%
2017/9/4	143.62	144.26	-0.64	-0.45%
2017/8/28	144.26	144.63	-0.37	-0.26%
2017/8/21	144.63	148.74	-4.11	-2.84%
2017/8/14	148.74	148.16	0.58	0.39%

　　成立"一带一路"设计联盟并开展相关研讨，抱团八家佛山的知名设计企业或组织形成"一带一路"设计联盟，提出联盟倡议并开展座谈会；并根据海外资源及项目情况，对当地市场的民族习惯、生活习惯、文化习惯、建筑习惯进行研究，并以此作为理念设计出当地陶瓷砖专供产品。设计联盟已对北美、俄罗

斯、南美、中东、东盟完成前期研究并对成果进行专供品的集中展示。

国家"一带一路"倡议为企业提供了一条拓展海外市场的快捷道路，众陶联将把握这一历史机遇，在政府的支持和引导下，以海外高端项目为驱动，与阿曼工业部联合打造中阿国际产能合作平台，整合佛山泛家居产品参与阿曼投资总值超过1000亿美金的产业城项目；针对澳大利亚、韩国、俄罗斯，根据客户的需求进行设计并制订方案，一改以往中国产品无法参与中东高端工程项目的状况，帮助企业抱团出海，从而提升佛山制造和中国制造的国际形象。

建立"一带一路"的物流平台。与佛山海关、物流公司一起，共同建立以佛山新港为出发点，实现物流资源的全链条整合的战略合作。

7. 大数据平台

至2020年12月30日平台已累积了704.5亿条交易流量大数据，为提高行业信息共享能力，充分发挥信息对企业战略决策的重要作用，众陶联建立了大数据中心，积极筹建行业大数据采集和分析系统，通过企业会员汇聚大量市场供求信息数据并挖掘出隐藏在这些数据背后的信息价值，形成一系列有价值的数据产品，为会员企业采购原料和生产经营决策提供参考。

通过大数据平台，众陶联为企业的采购原料、产品销售和经营决策提供行业信息和情报支持，包括产品数据库、产品价格走势分析、最新行业技术等资讯。产品数据库提供详尽、系统、精

准、专业的数据统计，统计类型包括但不限于：产量和产能、行
业发展数据、产品市场成交、供应商分布地图、产品规格信息
等。产品价格走势分析板块基于平台海量交易数据，为企业提供
更精准的单品价格走势日报、周报、月报、年报。最新行业技术
资讯板块将整合资讯信息，主要提供国际综述、国内综述、行情
走势分析、企业资讯、统计数据、业界资讯、技术专利、行业荟
萃等信息。众陶联的大数据平台还将建立相关的行业指数和相关
的数据模型。至今，已建立22个行业指数，6个原材料需求量模
型、2个能耗测算模型及3个污染排放测算模型。众陶联原材物
料价格指数 UCAPI 如图1.2所示。

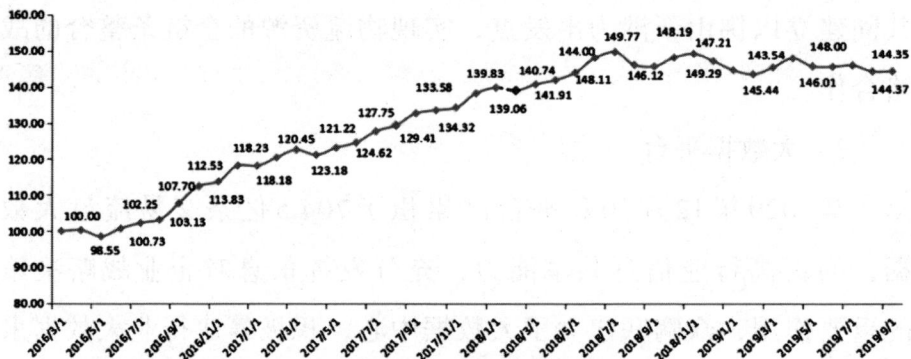

图1.2 众陶联原材物料价格指数 UCAPI

（二）众陶联当前的业务模式

随着陶瓷行业的发展、国内政策的调整、平台商业模式的探
索，众陶联平台各业务模块亦随之更新迭代。部分业务逐渐上轨
道以后，由于未能找到可持续的商业模式，部分业务转移给非营

利性的行业协会，如环保平台业务；部分业务暂停。目前，众陶联平台将持续推进探索创新，分阶段调整、扩展和完善运营内容和模式，为供应链创新与应用，形成众陶料、众陶通、众陶融、众陶居四大业务板块，最终构建形成陶瓷产业上下游协作共赢的生态系统，助推陶瓷产业转型升级。

1. 众陶料

在前期原材物料平台业务的发展基础上，众陶联根据陶瓷行业的采购需求及经营特点，积极探索创新交易模式和服务模式，搭建了专业解决陶瓷原材料交易的"众陶料"交易网。在 B2B 平台上建立撮合交易、集中采购、源头采购、竞价交易和委托交易五种交易模式，形成众陶联平台交易特色。交易平台主要聚焦砂坭、煤炭、包装、化工等陶瓷原材料，利用电子商务平台优势，提高交易效率、提高交易质量、降低交易成本。目前已经完成了 PC 端和 APP 端开发，并取得15项软件著作权和88项美术著作权。交易平台在全国布局，下设广东平台、山东平台、西藏平台、江西平台和深圳平台。其中，佛山某集团企业通过平台采购砂坭，降低采购成本达32.7%，一年降低采购成本1.3亿元；清远某基地通过平台采购煤炭，单降能耗一项为企业降低成本13.8%，一年降低成本为2600万元。平台为行业降低电力成本达12.6%。众陶料交易平台示意图如图1.3所示。

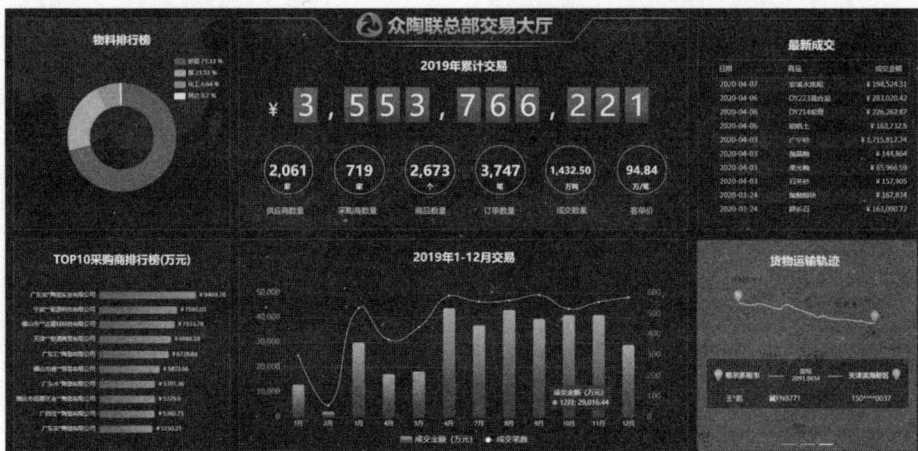

图 1.3　众陶料交易平台示意图

2. 众陶通

为解决企业物流运输成本高、物流行业信息不透明、车货匹配效率低的问题，众陶联着力打造致力于大宗物流生态链优化升级、全面推进多式联运信息化建设的智慧物流平台——众陶通。智慧物流平台是以众陶联平台会员企业为主要服务对象，以陶瓷行业原材料运输为基础，以陶瓷半成品／成品／陶瓷设备／家居建材运输为延伸，以物流信息化系统为支撑，将物流企业、陶瓷企业、车源、货源集中整合到一起，并进行集成化管理、可视化运作，使物流企业和陶瓷企业各取所需、互惠互利、抱团发展的一个"B2B+O2O"泛陶瓷产业物流平台。众陶联整合物流运力资源，搭建了车大佬网、管车网、海运订舱平台，通过物流大数据共享，实现提前预测、设计最优路径，并且控制损耗；同时依托众陶联采购全球、销售全球的优势，与物流服务商制订了回程物流方案，提高物流整体解决方案能力、降低返空率。平台帮助物流服务商节省成本、提高效益的同时，也是为众陶联的客户节省物流成本，实现更优的经济效益。众陶联智慧物流平台（图1.4）将成为中国第一个也是最大的一个泛陶瓷产业物流平台。

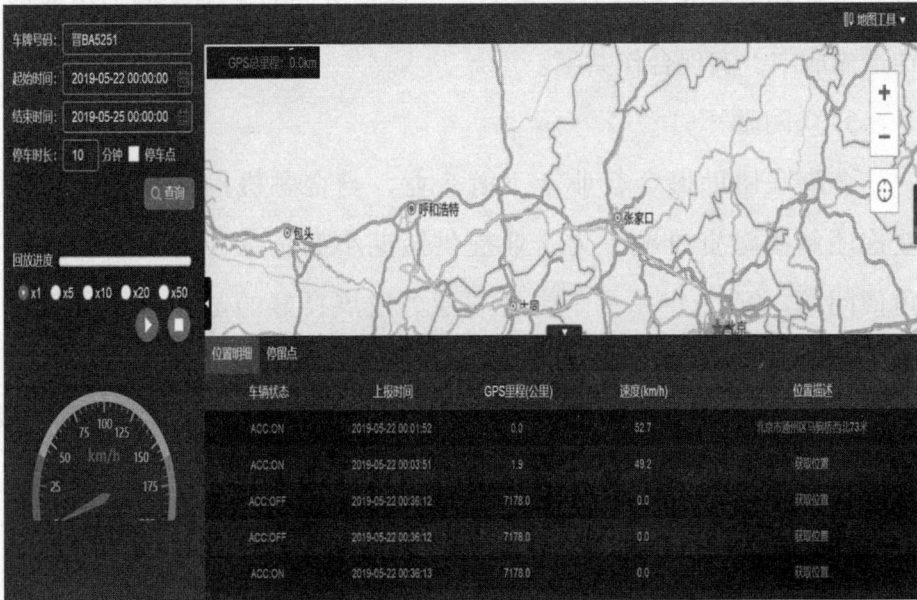

图 1.4　众陶联智慧物流平台管理示意图

在公路运输模块，整合重载货车物流信息资源，实现信息共享，打通运输业上下游，实现"线上资源合理配置、线下物流高效运行"。对承运商及司机进行管理，12吨以上的重载货车和半挂牵引车可查询实时位置和轨迹，对运输全过程进行管理，全程可视化跟踪，让货主实时掌握车辆信息，快速响应异常货况。

在内贸海运运输模块，借助中远海、安通物流自有平台的货物跟踪系统，对运输订单进行实时跟踪查询。对跟踪订单的物流动态信息进行整合，然后通过地图形式显示出海铁多式联运的运输轨迹，直观明了。把中小型企业需要走海运的运输量聚集起来，通过集中订舱，跟船公司获取优惠运价，从而返还优惠给企业，通过时间积累与沉淀把海运运输量越聚越大，可拿到更低的运价，能为企业节约运输成本，实现合作共赢。

3. 众陶融

众陶联协助撮合行业上下游企业，与金融机构合作，撮合企业抱团解决融资难题，为企业提供短期小额贷款，解决行业内三角债问题。2019年，在平台各项业务发展良好的基础上，众陶联着力开展四大金融业务。

第一，深化金融机构合作共赢的关系。截至2019年12月20日，众陶联已与11家金融机构建立战略合作关系，获得7家银行总计授信额度11亿元，其中流动资金贷款授信额度4000万元。

第二，开拓自营金融业务。众陶联平台启动风险极低的金融业务——票据业务，推出两款产品：账期管理服务和会员充值业务，解决采购商和供应商在资金支付周期方面的矛盾，降低客户资金成本，帮助供应商解决收款难、成本高的问题。截至2019年12月20日，票据业务规模达1.95亿元。

第三，开发专属金融产品。与金融机构联合开发平台会员专属金融产品，提高中小企业融资能力，降低融资成本，减少金融机构为中小企业服务的风险。目前已开发四种产品：

众陶联陶料贷：佛山农商银行2019年8月推出，额度最高可达500万元，比行业同类产品资金成本降低36%。

众陶联小微贷：佛山农商银行推出，额度最高可达500万元，比行业同类产品的资金成本降低20%。

众陶联商票通：最高贷款额度500万元，比行业同类产品的资金成本降低18%。

众陶联链式易：广发银行推出，众陶联会员专属信用贷款，手续简便，贷款年利率6%起。

专栏：陶料贷

"陶料贷"是佛山农商银行小微金融中心，"金狮小微贷"品牌下的"金狮定制贷"系列微型企业融资产品之一，属于特定产品，是佛山农商银行小微金融中心落实"社区银行"发展定位，秉承"让贷款更简单"的经营理念而开发，专门为"众陶联"平台推荐给佛山农商银行的原料供应商客户推出的满足其生产经营中的各类资金需求的融资产品。

一、产品定义

"陶料贷"是指小微金融中心对"众陶联"平台推荐给佛山农商银行的原料供应商客户推出的一款小额贷款产品。

二、产品特点

1. 专属定制

根据"众陶联"平台推荐，核心陶企提供的商业承兑汇票做质押担保，辅以借款人10%保证金，匹配对应额度，总额度最高可达500万元。

2.免抵押、轻松还款

专门定制一口价式的实惠利率，商票到期后，还可享受专属委托收款业务，还款方式更轻松。

3.速度更快

简化贷款办理手续和资料，审批更快捷。

三、产品设计

（一）核心企业准入条件

适用对象	在众陶联平台发生交易的核心企业（陶瓷企业）
授信额度	对单个核心企业进行总额度控制： （1）单个核心企业总额度不高于3000万元； （2）以核心企业在众陶联平台的原材料交易量核定，授信额度＝近1年采购量总和×0.7。 以本条（1）（2）孰低者执行，方案实施初期"原材料交易量"只计算砂坭交易量。
授信期限	每年重新核定。
授信用途	该授信额度仅用于办理本产品，不得用于其他业务。
准入条件	1.持续经营3年以上； 2.从事的经营活动合规合法，符合国家产业、环保政策和社会发展规划要求； 3.资产负债率低于70%； 4.无重大不良信用信息记录：近2年无欠本、欠息与垫款记录，无空头支票记录；但因财务疏忽造成，近2年不超过3次，且银行账户余额可充分覆盖票面余额或本息还款金额的除外； 5.在众陶联平台有稳定交易，近半年至少发生2笔交易。

提交资料	核心企业提交： （1）基础资料；（2）能耗（主要为电力数据）；（3）近半年流水；（4）排污许可证；（5）近两年年报及近一季度报表；（6）征信授权资料。 众陶联提交： （1）采购品种；（2）采购量；（3）采购周期；（4）平台采购占企业采购量比例；（5）近两年交易数据。 第1项资料若能全部在众陶联集采的话，核心企业可以不提供。

（二）产品要素

产品项目	陶料贷
贷款对象	在众陶联平台发生交易的原材料供应商，方案实施初期只针对砂坭供应商。
贷款利率	年利率7%—9%。 本产品实行阶段利率优惠定价： 2019年7月9日至2019年12月31日：年利率6%。
贷款额度	对单个供应商实行授信总额度控制，单户授信总额不超过500万元（含），可分多笔发放； 综合供应商的财务状况，在众陶联平台的交易量和应收账款账期等核算，具体规定如下： （1）单户授信总额度不超过500万元； （2）基于企业在平台的交易量及应收账款账期核算 ①授信额度＝近6个月交易总额／（6/应收账款账期）×70% ②近N个月（N=应收账款账期）交易量×70% 以①②孰低者执行（应收账款期为3—6个月）。 每笔贷款额度按商票面额的100%授信，众陶联提供核心企业商票，90%质押率，借款人提供10%保证金，以存入保证金账户形式在我行为本方案贷款做质押担保。 授信期限不超过2年，授信后每半年须重新核定是否满足授信条件和授信额度，及时调整。
贷款期限	单笔信用期限不超过12个月，信用到期日为质押商票到期日＋3个工作日。

贷款用途	用于借款人各类生意的资金需求。
还款来源	商票到期托收回款后，众陶联支付给借款人的贷款。
还款方式	每月还息，一次还本，还本方式为：将商票质押给我行后，商票到期，我行将票据办理到期委托收款。
担保方式	众陶联提供核心企业开具的商业承兑汇票做质押担保，90%质押率，借款人提供10%保证金。 借款人实际控制人、主要股东【占股50%（含）以上】承担连带责任保证担保。
贷款条件	1. 借款人必须为原材料供应的实际控制人和真实经营者。企业客户作为借款人的，必须为佛山市内企业；个人为借款人的，必须与佛山市内企业有真实交易。 2. 申请人及关联人融资银行数优先选择3家以内，融资银行总数不超过5家（含我行，不包括消费性贷款）。 3. 非众陶联关联企业（以征信与一级关联查询结果为准）。 4. 无重大不良信用信息记录：近2年无欠本、欠息与垫款记录，无空头支票记录（但因财务疏忽造成，近2年不超过3次，且银行账户余额可充分覆盖票面余额或本息还款金额的除外）。 5. 在众陶联平台有稳定交易，近半年至少发生2笔交易。
备注	该产品可无须家访

第四，联合共建平台结算体系。佛山农商银行对众陶联的合作高度重视，在总行层面成立"众陶联支付结算服务工作领导小组"，为平台用户设计众陶联在线支付结算方案、配套融资服务。与平安银行佛山银行达成合作意向，银行方不仅承诺减免众陶联系统对接费用、首年费用（后续减免条件较低），并根据B2B会员的对账要求，专门进行个性化定制开发，具体内容见《关于成立众陶联支付结算服务工作领导小组的通知》佛农商〔2019〕65号。

4. 众陶居

在消费者端，众陶联着力打造共享大家居的新商业模式——众陶居平台。通过建构全链条信息网络管控信息平台，以共享设计、共享供应链、共享空间设计、共享渠道等去中间化协同模式，实现从用户到生产环节的闭环，推动家居建材行业产业升级的同时，实现消费者的消费升级。众陶居七大协同模式和众陶联众陶居信息平台2.0版本分别如图1.5、图1.6所示。

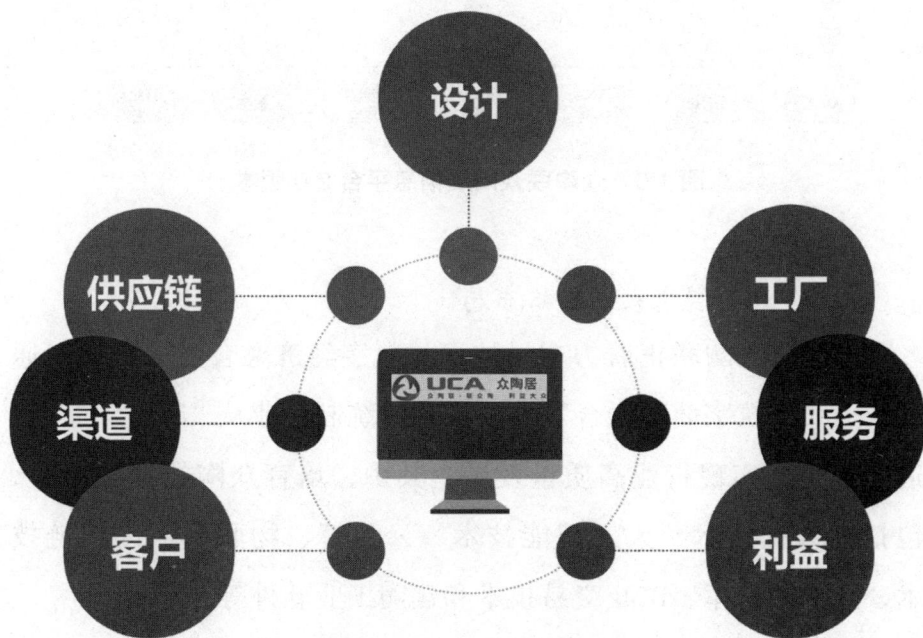

图 1.5　众陶居七大协同模式

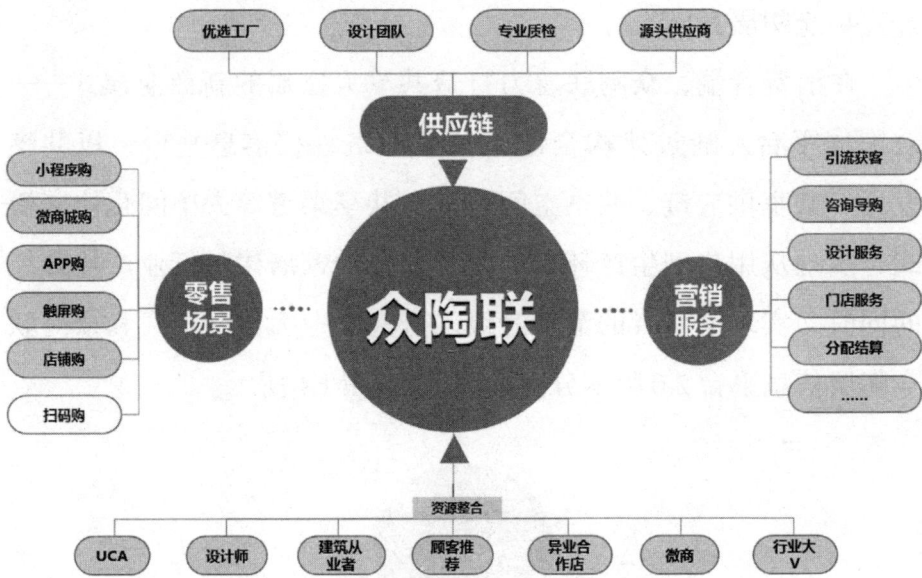

图 1.6　众陶联众陶居信息平台 2.0 版本

（三）众陶联未来的战略布局

当前，众陶联正着力布局技术与数字经济融合业务板块，通过线上线下数字商务融合发展，推动传统制造业从"制造"向"智造"迈进，实现行业高质量发展。其中，培育众陶技术是抓手，包括大数据技术、人工智能技术、云计算、物联网、区块链技术、数据知识库、B2B 交易技术和建陶工业软件等。

陶瓷智能制造蓝图是高效生产，虚拟仿真，柔性生产，运行优化，绿色生产和智能决策。众陶联积极推动智能制造，从企业急需解决的五大问题入手，即提高企业的能源利用效率、提高优等品率、减少用工人数、降低制造成本、提高产品质量，打造智能化标准，通过搭建标准，推动陶瓷行业从机械化转入自动化，通过数据采集进入数字化，通过实施专家数据库实现陶瓷行业智能化。

经过深入调研分析，众陶联联合国内外陶瓷智能制造专家、工业大数据与智能制造行业实践者和技术引领者，率先在全国发布《建筑陶瓷行业智能制造白皮书》和《建筑陶瓷行业大数据与智能制造白皮书》，明晰了行业智能制造三层结构：

第一层是最底层，是生产现场的各个工位的数据采集点，连接的是生产现场和设备，通过数据采集和报表看板的优化，对生产现场的管理岗位进行调整、优化，减少冗余人员，降低工人手抄报表的频率和错误频率，通过数据采集，实现对生产现场的实时动态管理。

第二层是生产管理层，数据采集按照各个工序的生产环节汇集成不同的表格，并转换成图片、图表，实时在手机端和PC端呈现。通过数据的自动生成和整理，监控生产现场的所有设备运转和生产状况。这个环节可以通过数据采集的分析和集成实现：第一，降低能耗、降低设备的空转及耗能；第二，减少人员，减少统计人员和岗位冗余人员，提高劳动生产率；第三，减少转产的空窑率和转产损失；第四，降低物料库存，提高资金的使用效率。

第三层是进入数据云，在数据云里根据大数据研究专家布置的各个数据模块，进入数据的清洗、整理、分类和转换过程，再进入数据工程管道，根据陶瓷企业的商业逻辑进入实验设计决策科学的A/B通道，然后进入模型，开始进行机器学习和模型评估的计算环节。这是真正进入 AI 的门槛，通过机器学习的反复实验和模型迭代，对生产环节的各个数据进行分析和研究，最终提出辅助决策。

专栏：众陶联助力行业迈向高质量发展征程的六个阶段

第一阶段：2018 年，众陶联对陶瓷行业生产过程进行深度调研，主要调研生产过程的主要障碍，调研生产过程主要的应用技术，调研生产现场存在的主要问题，了解生产企业的期望值。

第二阶段：2019 年上半年，主要的工作是寻找最顶端的技术，联合美国的数学博士，掌控解决行业核心问题的技术力量。采用韩文教授研究建陶行业智能制造的总体蓝图及理论基础、实施路径、主要的解决手段，草拟建陶行业智能制造白皮书。

第三阶段：2019 年 6 月—10 月，招募六大跨界协同力量，明确智能制造达成的三层结构及主要的攻克课题，筹备实施方案。

第四阶段：2019 年 10 月起，以"互联网＋展会"为起点，确定了七个试点企业，启动智慧智造研究院，正式启动试点项目。

第五阶段：预估到 2020 年 年底，完成试点企业数据上云，建立第一批智能智造数据模型，用 AI 技术优化企业生产管理控制流程，实现试点企业高质量发展的突破。

第六阶段：预估 2021 年开始，更多企业采取智能制造的解决方案，运用更深度的机器学习、AI 技术，摸清行业高质量发展的路径，初步制定行业高质量发展的标准。

为了解决行业配方适用性、窑炉烧成曲线稳定性、转产标准化、能耗解决方案四大难题，利用新型的信息化和大数据技术达到提质降本目标。众陶联聚集七方资源，与华为的云计算、纯鼎的人工智能大数据模型、景德镇陶瓷大学的智能制造理论、数据采集的物联网技术、专家数据库的理论实践、建筑陶瓷企业的技术沉淀和积累做深度融合，打造众陶联智慧智造平台，推动陶瓷行业智能制造标准化，提升传统行业经济质量。

其中，纯鼎博士团队将美国的 AI 技术及其学习、深度学习运用于陶瓷企业的数据研究中，将企业数据输入工业云，进行数据分析和模型搭建，通过模型反复迭代，测试出最好参数，帮助陶瓷企业进入人工智能时代。华为云/AWS 数据云在智慧智造中担负起数据的存储、清洗、整理和计算的过程，在云端实现模型的高速运算和迭代，选用 AWS 数据云与华为云，通过最为先进的高新技术，实现大数据的成功应用。景德镇陶瓷大学的韩文教授团队，对建筑陶瓷智能制造系统的架构是从生命周期、系统层级和智能特征三个维度对智能制造所涉及的活动、装备、特征等内容进行描述。嘉泰、天恒、博依特多家供应商企业跨界合作，运用最先进的互联网、物联网技术，将陶瓷企业的生产数据采集到数据库，传输上云，实现陶瓷企业的信息化技术与工业化融合。专家数据库是邀请行业内30多位陶瓷专家，历时近一年打造的，旨在将一线生产工人在生产中遇到的技术问题、工艺问题、管理问题等实际困难及其解决方案转换为计算机语言，形成专家数据库，探索在线仿真、在线控制的实施路径。目前已有七个企业参与试点项目。众陶联智慧智造平台如

图1.7所示。

专栏：众陶联抗击新冠肺炎疫情危机

在防疫期间，众陶联利用线上线下的平台及技术优势，对上下游在疫情期间及预测未来恢复生产受到的影响进行全面摸底，各业务单位通过线上视频全面访问上下游企业近千个，调研结果发现，不少企业经营活动可能会推迟两个月，经营规模会有10%—40%的影响。疫情对上游的小微企业影响会更大，不少企业预测会因下游付款的压力而导致资金周转困难，导致三角债数额增加，甚至个别企业难以复工复产。

简化各项交易手续，推动远程办理流程，尽快启动供应链条全面恢复：众陶联平台线上交易常规流程八个，在疫情期间简化至三个，原有两个面签环节全部改为视频确认。

启动供应链金融，为行业产业链的恢复赋能。众陶联全面推出交易金融服务特惠活动。2020年2月3日至6月8日，为近千个企业提供抗击疫情启动供应链资金，速融金额达16306.19万元，平均为客户降低交易成本76.1%。

建立垂直行业精准信息推送系统。利用平台型、精准型、专业型的信息模型，对已经加盟众陶联的客户共享行业供应链核心信息，打造10分钟覆盖行业80%客户的信息发布平台，为行业高质量发展建立了信息互通平台。

图 1.7 众陶联智慧智造平台

四、众陶联的盈利模式

众陶联并不是公益机构，清晰的商业模式和稳健的业务收入是平台可持续发展的根本保障。众陶联提升产业资源集中度和盈利水平的同时亦探索自身的盈利模式，产生了一种新的业态，创造出多个盈利点，推动平台的可持续发展。

第一，在交易平台，通过透明化、标准化的信息互联互通，提高行业采购物料的效率，增强采购的选择性，从而为企业降低成本。通过降低成本，众陶联也从中得到自己的采购分成。这是目前众陶联成立初期最大的收入来源。

第二，通过技术服务获得收入。平台聚集了一批信息化专家为企业提供诊断服务。

第三，陶瓷行业中，物流是比较大的成本，众陶联通过聚合物流来提高物流的效率，降低物流成本。众陶联通过物流分成获取平台的利益。

第四，通过孵化上下游的企业，做一些投资赋能，从而变成"你中有我，我中有你"的生态系统。这些企业本身的发展，将给众陶联带来投资回报的收益。

除此以外，还有大数据盈利、IT技术输出盈利、产成品销售平台使用费、保险服务收入、为企业输出技术服务费用等业务收入。

2017年众陶联亏损了2800万元，主要是众陶联聘请了28个IT专家和19个行业物料专家的费用。2018年盈利1200万元，2019年盈利1800万元，预计2020年实现盈利2100万元。2018年平台资金流达304亿元，基本每个月接近30亿元的资金上平台。在自营贸易金额方面，平台从0.002亿元发展到了2019年的35亿元，预计2020年实现45亿元。众陶联可持续发展指标如图1.8所示。

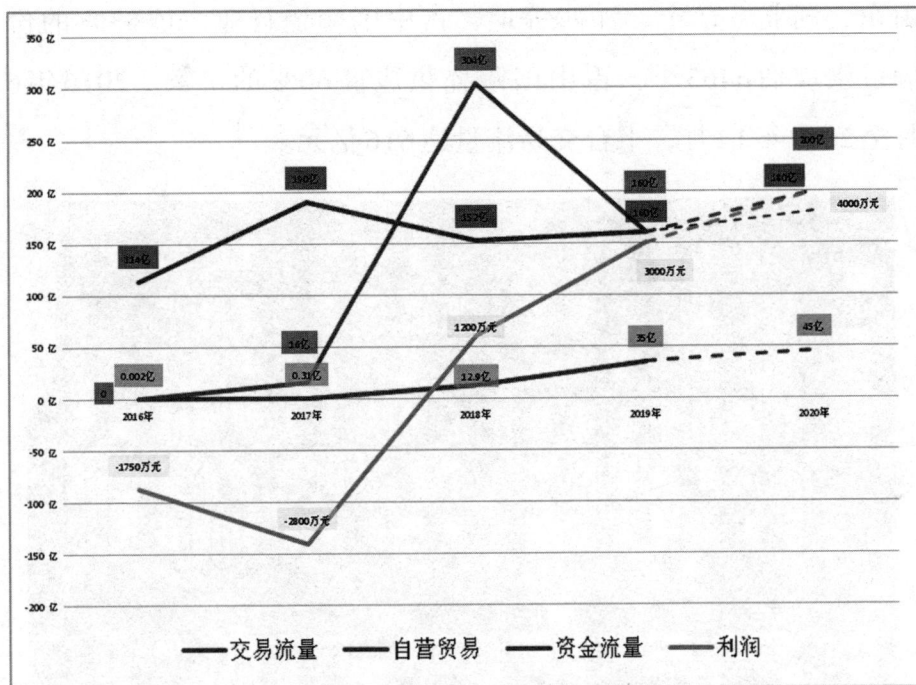

图 1.8 众陶联可持续发展指标

五、众陶联的发展成效

（一）经济成效

众陶联构建行业交易规则，推动规范化运营、物料标准化运营，提高交易效率，降低交易成本，取得良好的社会效益。在推动行业标准化方面，众陶联利用股东及产业资源，重构陶瓷行业原材物料标准，制定了108项原材物料标准和36项物料检验标准（图1.9），以及5大成品标准和6大付款标准（图1.10），发布了16个团体标准及参与制定了1项国家标准。

至今，参与众陶联平台的企业集团有563个，已经覆盖广东、山东、湖北、辽宁、江西等地，占中国陶瓷行业产值53%的份额；供应商6463个，占中国陶瓷供应商60%的份额。2016年6月至2019年12月，平台交易流量达616亿元。

图1.9 众陶联推动制定的物料标准和检测标准

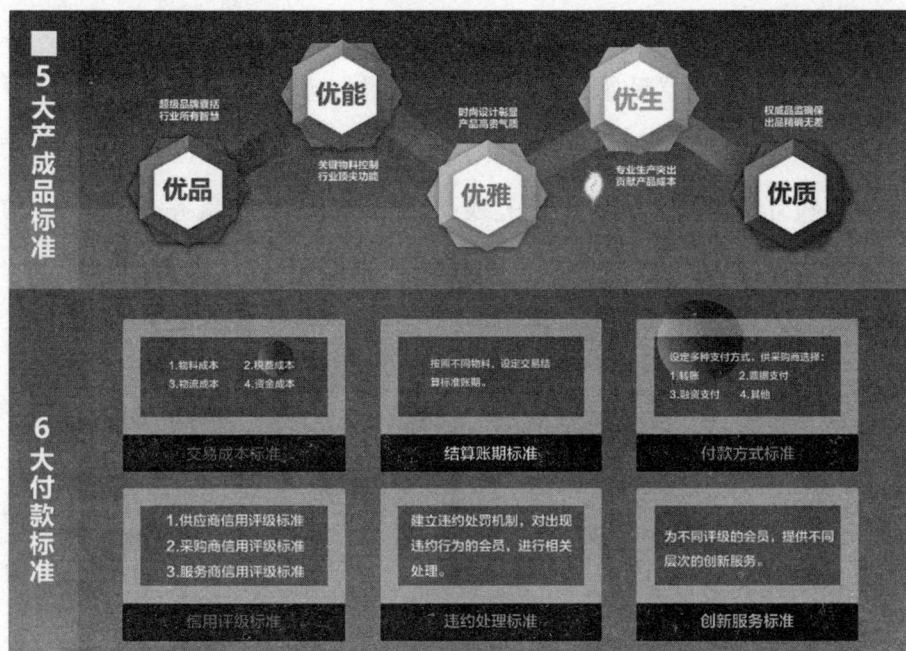

5大产成品标准

优能
超级品牌囊括行业所有智慧
关键物料控制行业顶尖功能

优品

优生
时尚设计制造产品高贵气质
专业生产突出贡献产品成本

优雅

优质
权威品监确保出品精确无差

6大付款标准

交易成本标准	结算账期标准	付款方式标准
1.物料成本　2.模费成本 3.物流成本　4.资金成本	按照不同物料,设定交易结算标准账期	设定多种支付方式,供采购商选择: 1.转账　2.赊账支付 3.贴资支付　4.其他

信用评级标准	违约处理标准	创新服务标准
1.供应商信用评级标准 2.采购商信用评级标准 3.服务商信用评级标准	建立违约处罚机制,对出现违约行为的会员,进行相关处理。	为不同评级的会员,提供不同层次的创新服务。

图 1.10　众陶联推动制定的成品标准和付款标准

(二)社会成效

众陶联成立以来,获得政府领导高度重视和支持。时任广东省省长朱小丹、副省长袁宝成对平台批示,积极支持众陶联发展并及时总结推广众陶联的经验。时任广东省省长朱小丹、中国工程院院长周济为众陶联全球交易平台启动上线。广东省副省长陈良贤深入调研众陶联,肯定平台工作,并指导发展方向。佛山市委书记鲁毅在佛山市政府小礼堂主持成立佛山众陶联产业平台。佛山市委市政府把众陶联作为供给侧结构性改革的先手棋,并成立全国首个供给侧基金支持众陶联发展。

众陶联先后获得多个国家级项目和称号,2018年国家商务部授予众陶联为全国供应链创新与应用试点单位，2018年国家发改委授予众陶联为"新型服务业试验项目"，2018年国家标准管理委员会授予众陶联为国家级服务业标准化试点项目，2019年国家商务部授予众陶联为首批线上线下融合发展数字商务企业，2020年国家发改委等17部门授予众陶联为国家数字化转型行动伙伴。2017年中宣部、中央电视台把众陶联纳入大型政务片《将改革进行到底》供给侧结构性改革唯一企业案例做了重点介绍。新华社《瞭望》杂志专题解剖众陶联发力供给侧。

众陶联为传统产业的转型升级带来了示范效应，在供给侧结构性改革和探索制造业转型升级中，众陶联实施人才输出、大数据输出、顶层设计输出、运营模式输出、IT技术输出，推动了众家联、众皮联、众塑联、众衣联、众铝联、众灯联、众石联、众农联、众器联、众医联等众系列产业互联网平台在省内外纷纷成立。众陶联示范带动成立的抱团组织如图1.11所示。

随着平台经营多元化的发展趋势和规模的不断壮大，众陶联吸引了社会各界上门取经。除了广东省内不同级别、不同地区的政府部门以外，上海、浙江、江苏、天津、黑龙江、吉林、湖南、江西、广西、重庆、福建等省、直辖市的工信部、商务厅以及地级市的市长到众陶联现场考察指导。此外，不同行业的协会商会、研究机构、智库以及省内外企业皆组织考察团到访。众陶联倾囊相授，助力各地区、各行业、各类型机构探寻切实可行的抱团发展创新模式推动产业转型升级。各地各类机构参观考察众陶联的情况及各方对众陶联模式的评价，详见书末附录一：众陶联发展大事记。

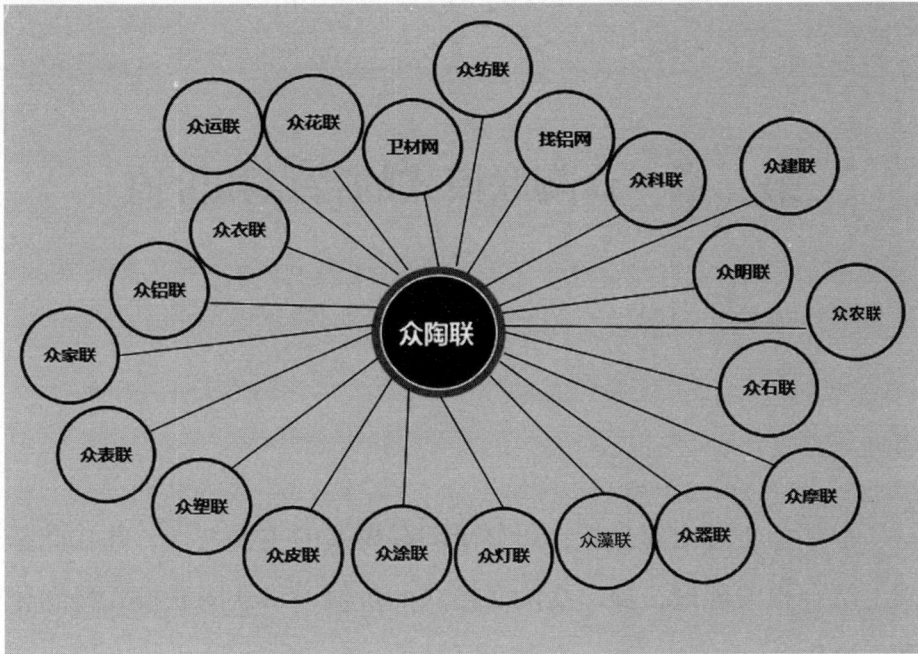

图 1.11 众陶联示范带动成立的抱团组织

第二章　众陶联模式的特点和价值

本部分通过比较分析，彰显众陶联模式的主要特征，并在此基础上结合相关理论，提出众陶联模式的价值，将众陶联模式概念化和理论化。

第一节　众陶联模式的主要特点

众陶联是一种新型产业组织，在功能、组织形式、体制机制上实现了深刻的非技术性变革，推动制造业优化产业协同效应，整合产业碎片化资源，提升行业整体盈利水平。

一、众陶联的核心标志是"功能新"

将"源于抱团、联合全行业、以利益平衡企业的付出与回报"

作为核心价值观，众陶联打破产业"高度聚集、低度整合"的局面，成为产业一体化的"催化剂"，编织产业网络的"蜘蛛精"，提供企业抱团解决行业发展公共问题之道。众陶联从七大创新维度（图2.1）促成同行竞争性企业在研发、采购、环保、融资、销售、国际化等产业链关键环节开展组织化、制度化集体行动。

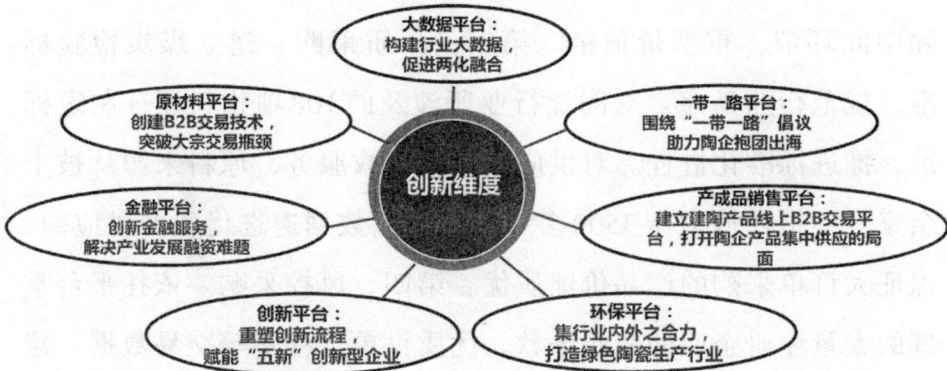

大数据平台：
构建行业大数据，
促进两化融合

原材料平台：
创建B2B交易技术，
突破大宗交易瓶颈

一带一路平台：
围绕"一带一路"倡议
助力陶企抱团出海

创新维度

金融平台：
创新金融服务，
解决产业发展融资难题

产成品销售平台：
建立建陶产品线上B2B交易平台，打开陶企产品集中供应的局面

创新平台：
重塑创新流程，
赋能"五新"创新型企业

环保平台：
集行业内外之合力，
打造绿色陶瓷生产行业

图2.1　众陶联建构七个维度的平台为实体企业走出困境赋能

首先以作为集体行动切入点的原材料集采为例，剖析众陶联的集体行动。

作为原料依赖型行业，生产原料采购是陶瓷企业生产经营中最核心的环节之一。长期居高不下的原料采购成本成为行业发展的最大痛点。鉴于此，众陶联以原材料集采作为行业集体行动的突破口。煤炭在原材物料中占据较大的份额，其采购价格高的原因在于：第一，缺乏规模效应，单独采购效率低、物料成本高；第二，缺乏物料标准，不少煤炭企业以次充好，煤耗高；第三，缺乏付款标准，采购资金风险成本高；第四，采购回扣难治理，行业腐败严重，治理成本高。

众陶联利用互联网技术"五管齐下"解决痛点。第一，集中采购。通过标准化、柔性交易、大数据、评价系统四个维度构建B2B平台系统，促成903家陶瓷企业和7325家供应商供需信息实时互联互通，实现透明交易、标准交易、聚合交易，提高采购效率。第二，源头采购。与供应上游直接对接，锁定优质矿口，去除中间环节，重塑价值链。第三，品质采购。建立煤炭检验标准，规范行业秩序。对陶瓷行业所涉及的108项物料逐一制定标准，推进标准化进程。对供应商提供开放服务，原料来源从被十余家企业把控放大至3500多家。利用大数据遴选优质的供应商，保证大订单采购的产品价廉质优。第四，风控采购。依托平台掌握的大量注册企业的应收账款、优质订单、存货等交易数据，建立可量化的风控体系和采购商付款标准，解决原材料采购过程中采购价格和支付周期之间的矛盾，降低采购风险和资金成本。供需双方购买平台的金融产品，虽然要支付一定的费用，但是供应商及时收回货款，风险由众陶联金融平台承担；采购商可延长支付时间且采购价格不会上升。第五，阳光采购。利用大数据建立煤炭能耗模型，以数据和事实使采购灰色利益链抵制众陶联阳光采购的图谋无法得逞，降低灰色成本。

仅在成立的第一年，众陶联整合产业链上下游的资源，聚合59.3亿元煤炭大订单，占行业采购量的57.6%；为陶瓷企业平均降低煤炭综合成本15.3%，降低资金风险成本33%；去除了每吨煤约50元回扣的灰色成本，治理了行业腐败；平均降低煤耗

19.8%，大幅降低污染。原材料平台发挥了降成本、去腐败、利环保的功能，一箭三雕，并且实现陶瓷企业、煤炭供应商、众陶联、社会多方共赢。同时，采购业务分成有效解决了众陶联的可持续发展问题。

再以陶瓷数字化转型集体行动的探索和举措，分析其组织的新功能。

众陶联通过优化产业组织形式，实现产业链关键环节的行业集体行动，为行业抱团踏上数字化转型的征程奠定了坚实的基础。

首先是认知基础。众陶联促成的陶瓷行业集体行动，有效为股东企业及其他加盟陶瓷企业降低了生产成本，不但增强了行业凝聚力，而且提高了陶瓷行业企业对集体行动的必要性、可行性、有效性的认知度，有效增强了陶瓷企业抱团实施数字化转型的意愿。

其次是组织基础。作为同行企业合资成立的抱团发展组织，众陶联具备了为企业提供单个陶瓷企业不愿意做、不能做或做不好的数字化转型服务的动力和能力。

再次是标准化基础。众陶联一直致力于推动建陶行业标准化、数据化，目前已经制定了108项原材物料标准、36项检验标准、6项付款标准，在此基础上发布了11个团体标准，并于2018年12月获得国家服务业标准化试点单位，推动供应链创新与应用服务标准化，为行业数字化转型提供了标准化支持。

最后是数据化基础。众陶联的抱团发展逐步规范行业发展的秩序，逐步把行业的数据通过 B2B 交易，通过互联互通建立起来，构建行业大数据，发布各项行业指数。通过指数，指导企业科学采购，降低采购成本，优化行业供应链条。众陶联平台上积累的供应链交易数据、平台交易资金流数据、电力运行数据、物流轨迹和订舱数据、能耗数据等大量行业数据，以及与多家供应商企业合作，运用最先进的互联网、物联网技术，共享陶瓷工业物联网数据，是建构陶瓷行业工业大数据不可或缺的组成部分，为行业数据化转型提供了数据化支持。通过对平台本身的数据化改造，为搭建数据云，实现数据在线、数据精准、数据采集，奠定了基础。众陶联亦启动了从数据呈现转入数据分析应用的发展新阶段。

　　为推动陶瓷行业通过数字化转型迈向高质量发展的征程，众陶联对行业数字化转型进行了集体诊断，通过对陶瓷行业生产的全面深度调研，厘清陶瓷企业数字化转型面临的共同的痛点与需求。在节能减排的压力日益增加、人口红利急剧下降、市场需求从"批量化"向"定制化"转变等因素倒逼下，陶瓷行业通过数字化转型升级实现绿色生产，获得生产发展机会，进而实现自动化、数字化、智能化的诉求。然而大多数企业对智能制造的认知存在偏差，没有明确的方向与方法。不少陶瓷企业高层决策者认为提高生产系统的自动化水平，完善 ERP、MES、APS 等信息化系统的建设即完成了智能化改造。实际上，这个阶段仅仅是生产体系从信息化、数字化迈向真正的智能制造的起步。数据化改造是实现智能制造的前提，而数据化改造的实施基础则是使生产全流程的数据打通并实时在线。部分企业寄希望于从国外引进先进设备与技术，推进数据化改造。然而，引进国外设备投资巨大，更重要的是国外供应商的技术封锁和国内企业能力不足，导致先进设备无法发挥预期作用。另外，国内陶瓷设备制造相当完善，陶瓷企业的生产自动化程度不断提升，而现有设备对数据采集的支持度不高。国内设备供应商未充分重视数据化，大多数前期研发的设备没有安装计算机或者服务器用于采集数据，迫使企业靠人工记录数据。后期的自动化装备及其研发迭代快，虽然重视了数据采集，但各个供应商在数据采集和端口处理上各行其是，缺乏统一标准。企业生产流程数据碎片化、非在线化、非结构化，难以通过建模分析解决行业高质量发展的主要障碍，包括原料配方不稳定而导致全生产流程不稳定，窑炉曲线不稳定而导致烧成率不稳定，全生产流程信息不互通导致全生产过程不协调进而引起重大生产事故频发，工序之间不协调导致能耗居高不下等。

针对陶瓷行业数字化转型升级的痛点，众陶联采取渐进式的生产设备数据化改造战略，聚焦工业大数据和人工智能的应用，推动陶瓷企业实施全方位资源的精细化管理，以相对较低的成本实现数字化转型和变革。众陶联联合国内外陶瓷智能制造专家、工业大数据与智能制造行业实践者和技术引领者，率先在全国发布《建筑陶瓷行业智能制造白皮书》和《建筑陶瓷行业大数据与智能制造白皮书》，明确陶瓷行业数字化转型升级的总体蓝图、理论基础、实施路径和主要解决手段，为陶瓷行业数字化转型指明了方向和路径。

在具体举措上，众陶联集聚多方资源打造众陶联智慧智造平台，启动行业数据化改造和智能制造试点项目。通过对众陶联具体举措的分析总结，我们认为众陶联从以下几个层面发挥了陶瓷行业智能制造集体行动组织者和促成者的作用。第一，推动数据标准化，包括数据采集、数据计算、数据分析建模、数据接口标准化等，破解因数据非标化而导致的数据"孤岛"困境。第二，探索抱团将联盟区块链技术进行二次开发应用于陶瓷行业大数据，对众陶联平台上的所有交易数据、陶瓷企业上云数据以及供应商利用物联网技术共享的数据用技术进行固化，确保数据的真实性、保密性和共享性，破解行业数据共享的互信难题。第三，共建共享专家数据库。将行业内30多位陶瓷专家对于一线生产问题的诊断及其解决方案等经验转换为计算机语言，形成专家数据库，为应用人工智能技术探索在线仿真、在线控制提供行业专家经验数据支持。第四，抱团分析与应用行业大数据。邀请美国大数据分析团队，将美国的人工智能技术及其学习、深度学习运用于陶瓷企业的数据研究中，进行数据分析和模型搭建，通过模型反复迭代，充分挖掘工业大数据和人工智能在产业市场需求获取、产品研发、生产制造、设备运行、市场服务直至废旧回收的产业全生命周期的作用。

目前，众陶联利用试点企业上云数据，建立第一批智能智造数据模型，用人工智能技术优化企业生产管理控制流程，解决行业的配方适用性、窑炉烧成曲线、转产标准化和能耗解决方案四大难题，以达到减少损耗、提高质量、提高单窑产量和降低成本四个目标。根据前期运行的效果估算，中小型企业预期可降低15%—20%的生产成本。随着更多企业加入智慧智造平台，众陶联将进一步运用更深度的机器学习、人工智能技术摸清行业数字化转型升级的路径，研发陶瓷企业通用智能智造软件在全行业推广应用。

最后，值得指出的是，众陶联这种新型产业组织的新功能在抗击新冠肺炎疫情期间集中体现于：以集体行动的方式解决传统产业企业尤其是小微企业"融资难、融资贵"的问题。众陶联通过挖掘、分析、运用行业抱团积累的供应链交易数据、平台交易资金流数据、电力运行数据、物流轨迹和订舱数据、能耗数据等多维度信息，重构小微企业的信用体系，提高产业链联盟企业的征信，为小微企业及个体经营者融资提供解决方案。疫情期间，从2020年2月3日至5月14日，众陶联启动供应链资金，通过在线服务为近千家小微企业提供了1.6亿元融资抗击疫情，平均为客户降低交易成本76.1%，为行业产业链快速修复赋能。

二、众陶联的突出特征是"组织新"

众陶联是民营的、同行龙头企业抱团组建的股份制企业，通过与传统产业组织比较，有助于彰显其主要特征。我们认为它是"三不是""三不像"的组织。

"三不是"指的是不是政府，不是行业协会，不是"互联网＋产业"平台。

不是政府，却承担了部分政府应该承担但是无暇或无力承担的责任。产业发展需要政府提供公共服务，包括原材料采购标准制定、供应链信息的互联互通、专家诊断系统建构、基础性研发等。众陶联制定中国陶瓷参与"一带一路"倡议"走出去"的行业标准，整合陶瓷产业供应链获得的数据资料，进行大数据发掘，发布行业系列指数，预测市场供求和行业发展趋势，为行业发展提供了公共服务。

不是行业协会，却发挥了行业协会本应发挥但是发挥不好的作用。在国外，行业商会、协会是整合产业资源、组织和促成集体行动的重要行动主体。行业协会、商会在产业发展中的作用是不容忽视的。笔者2011年对珠三角2400家企业的大规模产业转型升级企业问卷调查的数据显示，企业参与行业协会和商会的活动，与它们互动的频率和对它们信任程度越高，越有利于企业实施转型升级和提升经济、社会效益。可见行业协会理应充分扮演产业整合的角色。我国政府在社会经济发展中发挥着主要作用，绝大多数经济领域的社会组织发育不全，发挥的作用仍相当有限。佛山陶瓷产业的行业协会、商会存在同样的情况。

佛山陶瓷行业协会是2004年佛山市从事陶瓷产品、原料、辅助材料、陶瓷装备生产、贸易的企业，以及相关的科研、策划、教育、传媒、文化机构等单位自愿组成的行业社会团体。2014年在佛山市民政局组织的社会等级评估中被评为5A级行业协会。行业协会的经费来源主要是会员每年缴纳的会费。受"腾笼换鸟"政策的影响，每年的会费从最高峰的五十多万元锐减到三四万元。除此以外，佛山陶瓷产业发达，产业链完善。以前是一业一会，现在是一业多会。除了佛山陶瓷行业协会外，还有佛山市卫浴行业协会、佛山市建材行业协会、禅城区陶瓷协会、禅城区卫浴协会、南海陶瓷协会等，各行业协会之间缺乏协作分工，竞争激烈。佛山各陶瓷行业协会的目标异化为"紧盯政府项目、维持生存"，主要发挥了政府交流沟通、向政府反映企业的诉求以及完成各地政府委托协会做的调研、可行性研究报告、行业发展规划报告和行业分析书等作用，在提供行业公共产品和半公共产品以及组织行业集体行动方面成效不佳。

行业协会、商会作为非营利性组织，缺乏稳定、可持续的组织经费来源，虽担负着利他、利行业整体的职能，但成效不佳。行业协会、商会没有明确的利益机制，会员之间没有利益纽带，难以有效推动行业集体行动。

在组织性质方面，众陶联与行业协会、商会不同，它登记注册为"企业"，不是非营利性"社会组织"。众陶联虽然是企业，但是其不做单家企业可以做的事情，而是以利益大众为发展宗旨，是真正意义上的行业抱团发展组织。共同出资组建众陶联的陶瓷企业达14家，其产值规模占佛山整体陶瓷产业规模的80%。参与众陶联的企业之间具有明确的利益机制。

在组织功能方面，众陶联发挥了行业协会、商会应该发挥但是发挥不好的作用，替代了行业协会、商会的功能。与行业协会、商会相比，众陶联建立了一套行之有效、可持续的盈利模式，利用移动信息和互联网技术，将集体采购作为主要自营业务，有效解决了组织自身的生存问题，同时为未来不断摸索拓展集体行动的领域打下了良好的基础。

不是"互联网+产业"的平台，而是"产业+互联网"的平台。

"大数据""互联网+"时代，融合"互联网+"思维已成为产业发展中不可扭转的趋势，"互联网+"平台如雨后春笋般蓬勃发展。本书将互联网搭建平台的商业模式区分为"互联网+产业"和"产业+互联网"两种形态。

"互联网+产业"由商业资本驱动，掌握互联网技术者涉足生产和消费的双边市场，在平台权力体系中实体企业被边缘化，靠烧钱、流量形成同行业或价值链的垄断，数据私有化，对社会经济产生广泛、深刻的影响。它非预期的负面影响包括侵犯隐私、消费者先甜后苦、挤压实体经济生存空间，社会结构、生活方式和雇佣关系异化，乃至影响社会稳定。英国学者尼克·斯尼塞克站在马克思主义的立场上根据其私有、垄断、剥削和异化的特征，将之概括为"平台资本主义"[①]。"互联网+产业"平台损害实体企业利益的事件频发。如某电商平台向某床垫厂家提出，原出厂价280元的微利床垫价格降低至150元，只需保证外观一样，不管里面用料。厂家不同意则失去订单，同意则砸了自家招牌。

"产业+互联网"由工业资本驱动，实体企业主动利用互联网技术搭建产业链平台，无意靠烧钱、流量形成行业和价值链垄断，乐于集体分享数据，致力于化敌为友协同解决产业发展共性难题，助力实体经济转型升级。这种模式的优势在于既有

[①]　SNNICEK N. Platform Capitalism[M].Cambridge,UK：Polity Press，2017.

产权明晰的激励效应，又有社会大生产的外部规模效应，鱼与熊掌兼得，发挥了一部分政府、行业协会应该但是难以发挥的作用，利己利众。我们称之为"平台社会主义"。

近几年，互联网经济从消费领域向生产领域延伸，互联网工具为产业发展带来了极大的便利。在建陶行业之内，互联网这股力量对行业的影响非常有限。众陶联平台是中国建陶行业利用互联网工具提升产业价值的先行者，利用互联网公开、透明、便捷的优势服务建陶生产，为行业带来革命性的转变，促进平台下的所有企业共同发展。与传统的"互联网＋产业"平台不同，众陶联根植于实体经济，服务于实体经济，在细分行业里面利用现代互联网技术，实现产业链、价值链、创新链的整合，实现生产厂家、产业供应商、消费者、政府及社会多方共赢的格局。众陶联本质上是"产业＋互联网"平台，即产业在前，互联网在后，是产业主动运用互联网工具提高产业价值，而不是互联网运用产业资源追逐资本利润，谋求行业垄断地位，离开实体经济谈互联网是泡沫。众陶联以供应链集采作为促成行业集体行动的切入点，通过解决陶瓷行业发展的最大痛点，逐步规范行业发展秩序，树立行业发展新标杆，赢得同行和客户对陶瓷行业抱团发展新模式的认可。随着供应链采购各项标准的逐步完善，众陶联已退出了大部分集采业务，让源头企业、供应商、采购商在平台上自主交易，仅保留单个中小微企业采购量偏低的个别单品原材物料的集采服务。

"三不像"指的是众陶联与一般的产业联盟、公共服务平台、单个企业有相似性，但是也有显著的不同。

不像一般的产业联盟组织松散、缺乏激励机制。

我国目前大部分的产业联盟是在政府引导下由企业、高校、科研机构等相关行动主体共同组建以整合科技资源开展科技创新为主要目标的网络式的共同体，这些产业联盟大部分是虚拟的网络化组织，注册成公司法人或者民营非企业法人的不多，联盟主要发挥信息沟通的桥梁的作用，主要促成联盟个别成员之间的合作，但是以联盟名义开展实质性的产业集体行动不多。

笔者2011年对广东省部产学研联盟的研究表明，实体化和非实体化两类联盟的运营成效有明显差异，实体化的创新联盟在多项指标上都比非实体化的联盟好，尤其是在产业核心技术、关键技术和共性技术问题的解决，重大新产品的开发和产业化，以及人才引进和培育方面。

佛山陶瓷产业早已意识到实体化抱团发展的重要性。2012年广东佛山主要的14家陶瓷企业领导聚在一起，讨论陶瓷行业如何进一步发展，除了每家企业都要在环保、创新、经营、营销、出口上努力之外，还提出行业需要成立一个抱团的平台，来解决单个企业解决不了的问题。这个建议得到大家的支持。在佛山陶瓷行业协会的推动下，由14家陶瓷企业每家出资50万元，共700万元注册资金，成立了佛山陶瓷产业联盟投资有限公司，目标是解决公共发展的瓶颈。在佛山陶瓷产业联盟成立之初，参与的陶瓷企业就达成共识，联盟必须实体化运作，实现行业抱团行动的实体化。产业联盟成立后主要由佛山市陶瓷行业协会托管。

相比于佛山陶瓷产业联盟，众陶联的经营者有多年从事大型陶瓷企业经营管理经验，行业知识丰富。在蓝源资本提出的"互联网＋产业＋金融"的商业模式的启发下，众陶联利用互联网工具，将产业联盟做实，立足于陶瓷产业的发展需求，摸索出一套行之有效的运营模式和可持续发展的盈利模式，产生一种新的业态，创造出多个盈利点。

不像一般的公共服务平台缺乏行业经验。

技术创新公共服务平台是专业镇发展中提升区域产业整体水平和企业综合竞争力的有力支撑，也是区域科技创新体系架构中的一个重要组成部分。由南庄镇政府与景德镇陶瓷学院共同创办的专业镇陶瓷行业技术创新公共服务平台——佛山市华夏建筑陶瓷研究开发中心，在支撑产业发展的探索中积极与国际接轨，打造了一个全方位、多元化的五位一体服务平台，将检测、研发、培训、融资和信息服务等功能集于一身。自成立以来，华夏建筑陶瓷研究开发中心在产业关键技术难题的攻关、陶瓷产品的检验认证、产业技术路线图制定以及生态陶瓷产业园的规划制订中展现出了公共服务平台的本色，促进了区域陶瓷产业的整体水平提升。作为产业共性技术创新与服务平台，共性技术的研发始终是中心的首要任务。基于华夏建筑陶瓷研究开发中心的科研实力和作为公共平台的服务职责，华夏建筑陶瓷研究开发中心与中国产业发展促进会组建了华夏陶瓷产业联盟。华夏建筑陶瓷研究开发中心作为秘书长单位，积极发挥联盟的优势，整合科技创新资源。此外，华夏建筑陶瓷研究开发中心还获得广东省教育部产学研结合示范基地、广东省创新示范专业镇、广东省火炬计划建筑卫生陶瓷特色产业基地、广东省中小企业技术支持服务机构示范单位、佛山市陶瓷产业科技创新联盟等称号。

调研发现，陶瓷产业创新公共服务平台在共性技术研发方面仍存在着创新效率和产出成果偏低的问题。平台主要还是发挥牵线搭桥的作用，以召开专家评价会等形式商讨产学研项目的申报与合作。由于企业的同质化和竞争关系，大部分研发项目合作仅限于个别企业与高校之间，以项目为载体开展产学研合作项目往往由于高校与企业的目标不一致而导致创新成效不佳。产学研项目成果缺乏转让机制以及从小试到中试，直至在大规模推广前跨越"死亡之谷"的共性研发资金，大部分研发成果形成的专利闲置，转化率低。即使成果实现转化，创新成果在中小企业也因信息不对称、一次性投入成本过高等问题而难以推广运用。

除了华夏建筑陶瓷研究开发中心这类一体化的公共服务平台外，南庄镇地方政府还通过园区规划积极创新创业服务平台，积极引进与陶瓷企业相关的生产性服务类企业，重点引进和孵化高端"智"造、大数据、电子商务、科技服务、知识产权服务、人力资源服务、建材研发设计、建筑装饰设计、创意设计、动漫设计等产业及相关创业服务机构，完善产业生态链。然而，各类生产性服务机构的信息分散，服务供给者和需求者之间存在信息不对称，降低了这些机构的公共服务成效。

众陶联作为一个提供行业公共产品和半公共产品的机构，可以视为一个陶瓷产业公共服务平台。与目前政府引导、支持的各类公共服务平台和机构相比，众陶联有两个显著特点：第一，众陶联更能准确把握行业生产关系服务的市场需求，更有效率地提供生产性服务。由于众陶联在转型升级中"身临其境"，相较于市场上营利性和非营利性的公共服务机构而言，众陶联对陶瓷行业发展的"短板"，对于生产性服务需求、服务市场的发展空间、产生交易成本的关键原因等问题更具有"行业专有性"的解读以及相应的知识优势。同时，发起众陶联的龙头企业在长期发展过程中积累了广泛的关系网络和财务资本等，也为众陶联成功的公共服务奠定了坚实基础。第二，众陶联是一个整合碎片化公共服务资源、精准匹配服务供给和需求的复合型产业公共服务平台。众陶联采取多种手段赋能创新，借鉴中山灯饰协会的经验，建立了陶瓷专利池平台，将151项专利放在平台上进行交易，提高专利转化率。建立产学研合作平台，集合跨行业专家遴选出十大突破项目，把项目对于行业发展的重要性而不是项目可批性（是否获得国家扶持基金）作为最根本的评估依据，每个项目成立一个项目组，每一个项目组由一个牵头企业和专家负责，每一个项目制定一个利益分配与共享机制，研发项目的开展以及成果转化获得众陶联融资平台建立的产业基金的支持。众陶联整合碎片化的生产性服务机构和科技创新服务机构，认定"五新"供应商（新工艺、新技术、新装备、新材料、新设计），参考精准扶贫的思路，由专家团队为每家陶瓷企业开展整体性诊断，根据诊断结果实施精准的产业配对服务，将符合陶瓷企业需求的优质供应商免费直接推荐给陶企的决策者，打破以往供应商无法与企业决策者对接的局面，再造创新信息推广模式，引导供应商在陶瓷企业创造的效益中分成，再造价值分配模式。

不像单个企业仅利己。

在目标上，众陶联与一般单个企业一样，也要盈利。但是众陶联不做单个企业愿意做或能做的事情，只做单个企业无法做到的事情；不做恶性价格竞争的工具，只做市场公平竞争平台；不做落后生产力的保护伞，只做行业质量提升的驱动器；不做单个企业的代言人，只做行业协调发展的服务站。它不仅利己，亦利同行、利上下游企业、利消费者、利政府、利社会，有更强的社会责任感。在能力上，抱团的东鹏、新明珠等龙头企业在佛山陶瓷行业中举足轻重，实力雄厚、一呼百应和具有示范效应。因此众陶联能做一般单个企业不愿意或不能做的整合大订单、制定行业标准乃至搭建"一带一路"平台等事情。

三、众陶联的新动能是"机制新"

众陶联突破传统产业组织体制机制的约束，探索出行业抱团发展的三大新机制。

第一，发展机制新。以多家陶瓷企业的产业资本，实施"互联网＋金融"双轮驱动，实现集体行动的组织化和制度化。行业协会、商会和各类公共服务平台的投资主体是政府、单个企业、高校、研究机构或者政府与相关行动主体共同出资。众陶联开创产业合伙人制度，由多家民营同行企业出资组建，建立了合作人持股平台，随后引进其他产业合伙人，引进了其他陶瓷企业和产业合伙人。众陶联既有私有制下产权明晰的激励效应，又有公有制下社会大生产的外部规模效应。平台是民营的股份合作制企业，产权明晰，有强烈的生存和盈利动机，公司化治理，激励机制完善和有效。同时，在产业链的各个环节汇聚资源，抱团发展，形成外部规模效应。因此，其同时具有激励效应和规模效应。吸取传统产业组织缺乏可持续发展机制，导致集体行动失败或者效率不高的教训，众陶联在组建之初就积极探索一套行之有效、可持续的盈利模式。经过两年多的摸索，众陶联运用互联网和金融双重工具，以集体采购为主要自营业务，创造出自营盈利、物流分成、平台佣金、技术服务收入等多个盈利点，有效解决了组织自身的生存问题，同时为不断摸索拓展集体行动的领域和有效解决行业发展瓶颈打下了良好的基础。

第二，激励机制新。以多层次的"利己"机制，激发各方积极性和调动人力、产业、金融资源，施行"利众"大计。以利众为宗旨——利陶瓷企业、利供应商、利消费者、利政府、利社会，众陶联设计了多层次的利益共享与协调机制，以利益机制为纽带实现行业抱团发展。首先，以三个对赌协议推动众陶联五年可持续发展。原始股东拿出50%的股权、平台资本方股东拿出50%的股权以及平台经营团队以未来5年期权参与对赌并将协议法律化，保护投资人利益的同时激励平台的发展。其次，众陶联采用产业合伙人模式，加入平台的企业都是平台的合伙人，可以分享平台所带来的供应链金融、大数据开发、资金池、资本市场回报等多重收益。再次，为扩大平台的影响力，众陶联制定了积分换股权政策，供应商可凭平台交易流量兑换积分，根据众陶联制定的规则，以积分换取众陶联的股权，成为众陶联股东之一。为了鼓励企业分享数据，众陶联设立操盘手奖励政策，以"媒人红包奖"鼓励操盘手在征得企业老板同意的情况下把企业采购流量放上平台创造效益。最后，在内部管理方面，众陶联采取人力资本持股模式，激励众陶联内部员工发挥主动性和积极性。

第三，约束机制新。发扬"支部建在连上"的优良传统，促进党建工作与业务发展的有机融合，防止平台内部腐败。为防止在整治行业腐败的过程中滋生众陶联平台内部的腐败，众陶联高度重视组织文化建设。自2016年12月成立以来，众陶联党支部深入贯彻落实党的十九大和习近平总书记系列讲话精神，结合"三湾改编"的历史意义和实践启发，为继承和弘扬"支部建在连上"的优良传统，众陶联党支部结合企业实际情况，独创将党小组组建在业务链上的新做法，实现党建工作与业务发展的有机融合，促进党支部和企业的共同发展。众陶联党支部通过把党的精神和业务工作有机结合，提高理论学习的成效，实现每个小组党员的"小班式"精准党员教育。众陶联党员们在业务链上充分发挥先锋模范作用，根据党员在业务会议上提出的业务问题，党小组组长与党支部领导班子、公司管理层直接对接，将党建工作与业务工作有机结合起来。众陶联借助业务链党小组平台，不断提高党小组组长的综合素质和党建理论能力，在业务链各个环节上为党支部和企业培养优秀的党员干部和人才骨干。众陶联成立至今，众陶联党支部与众陶联业务相辅相成，相互促进。党支部众陶联的业务骨干都争先恐后地积极加入党组织，每一位众陶联党员都在新经济发展的浪潮里面发挥着先锋模范作用，众陶联党支部一直带领着广大党员为传统行业探索转型之路、构建新旧动能、助力企业快速发展。在2019年，众陶联正式确立了企业文化，其中提出员工红线"十不准"。

专栏：众陶联企业文化中的员工红线（十不准）

不准收受任何客户礼物、礼金、有价证券，价值超过100元以上，均应上缴登记。

不准向客户推销自己工作职责范围之外的商品及服务。

不准在客户面前讨论公司的人事或薪酬；不准将在工作中获得的公司重要信息，未经公司同意擅自扩散或泄密。

不准向客户透露非公司授权的各项属于秘密级的数据及各项信息。

不准使用非标准的信息对外传播，杜绝业务风险和媒体风险。

不准在业务开展过程中弄虚作假，不准私自降低审核标准，严格执行平台贸易业务真实性的承诺。

未经公司报备同意，不准在其他公司兼职获取利益或收受报酬。

不准工作时间擅离工作岗位、上班打卡后私自做与工作无关的事情、早退、下午上班时间迟到。

不准使用未经公司登记的各类电器，不准在非吸烟区吸烟，杜绝安全隐患。

工作时间内不准在PC端或移动端下载与工作无关的视频、

电影、资料、游戏，以及工作时间内不准在 PC 端或移动端玩游戏，观看与工作无关的视频。

新功能、新组织、新机制使众陶联具有"五个更加"的鲜明特征：

第一是更加根植于实体经济发展；

第二是更加精准定位行业共性发展需求；

第三是更加重视行业抱团发展的利益协调与共享机制；

第四是更加充分运用互联网和金融工具；

第五是更加突出跨区域整个产业生态的合纵连横。

第二节　众陶联模式的理论和实践意义

一、理论价值

（一）从产业集群理论的角度，众陶联是一种强化集群外部经济规模效应、促成行业集体行动的集群升级模式

产业集群是"中国制造"在广东主要的而且有竞争力的产业组织，支撑了改革开放以来40年的发展奇迹。产业集群是指产业相关的企业集聚于特定的空间地域之中，在相关机构的支持下，企业互相之间既竞争也合作的一种具有竞争优势的生产组织方式。经济学以外部规模效应解释产业集群的竞争优势，即产业集群由于空间聚集而便于形成企业之间的分工合作，分工合作可以

在单个企业不扩大规模的情况下通过生产环节的分工或产品类型的分工实现专业化，从而提高效率。在产业集群发展过程中，空间上的聚集只是提高了分工合作的可能性或提供了便利条件，可能性转化为现实性有赖于有效的产业组织政策和持续的产业组织体制机制创新作为保障。

历经改革开放40多年的发展，广东专业化程度高、产业规模大的产业集群星罗棋布。课题组经过多年的研究发现，大部分集群存在"高度集中、低度整合"的问题，缺乏促成集体行动的有效机制，外部规模效应未能有效发挥，系统失灵问题严重，主要表现在：同一区域产业集群内部缺乏大企业之间、大企业与中小企业的分工合作，很多企业"宁做鸡头，不做凤尾"，形成群内的恶性竞争；不同区域相同产业的产业集群之间差异化小、竞争激烈，缺乏有效的分工合作。在国外，行业协会、商会是促成产业集群集体行动的重要行动主体。在中国，社会组织所发挥的作用仍相当有限。广东有个别成功的案例，但主要缘于协会会长的公心和威望，可借鉴性低。

众陶联的成立与发展为广东产业集群从"高度集聚、低度整合"向"高度集聚、高度整合"转变提供了经验。众陶联通过精准诊断和满足行业共性需求，在原材物料采购、行业标准制定与实施、行业污染处理、创新技术扩散、行业信息收集和分析、产成品销售、开拓国际市场等方面形成集体行动，打破恶性价格竞争，强化集群竞争优势。

（二）从公共管理的角度，众陶联是一种行之有效的市场化公共服务供给模式

产品（服务）根据在消费上的竞争性和受益上的排他性可以划分为纯公共产品、准公共产品和私人产品三类。相对于私人产品，纯公共产品具有非竞争性和非排他性。非竞争性是指增加一个消费者对供给者带来的边际成本为零，每个消费者的消费都不影响其他消费者的消费数量和质量，属于利益共享的产品。非排他性是指产品在消费过程中所产生的利益不能为某个人或某些人所专有，要将一些人排斥在消费过程之外，不让他们享受这一产品的利益是不可能的或者需要付出高昂的费用。准公共产品兼具纯公共产品和私人产品的属性，具有纯公共产品的非竞争属性的同时也具有私人产品的排他的属性，或者具有公共产品的非排他属性的同时也具有私人产品的竞争属性，或者在一定条件下具有纯公共产品的非竞争性和非排他性。

根据以上定义，众陶联提供的生产性服务包含了纯公共服务、准公共服务和私人服务，以准公共服务占比最大。陶瓷产业物料标准和采购标准的制定是典型的纯公共服务。为陶瓷企业提供整体性诊断服务并根据其发展需求进行精确配对是私人服务。其余服务为准公共服务，具备一定程度的竞争性和排他性。

以上众陶联与行业协会商会、公共服务平台、产业联盟的比较分析表明，众陶联是一种行之有效的公共服务供给模式。准公共产品在一定程度上的排他性，为生产服务的市场化供给创造了条件。与以往公共部门、公私结合、私人部门供给模式相比，众

陶联作为私人部门在公共产品供给上具有显著的比较优势。第一，更准确诊断行业生产性服务的市场需求。作为内行人，抱团组建众陶联的陶瓷企业对制约行业发展的关键问题、问题形成的原因以及解决途径具有"专业性"见解。第二，更具备行业专业性服务的能力。发起众陶联的龙头企业在长期发展过程中所积累的广泛关系网络和雄厚的财务资本，为众陶联整合碎片化的产业资源、集聚产业金融资源提供了重要支撑。互联网工具和金融工具是公共服务高效率供给的重要支持手段。第三，更具备可持续发展能力。众陶联探索自身的盈利模式，创造了多个盈利点，推动平台可持续发展。

（三）从产业生态系统理论的角度，众陶联是一个强化产业生态系统的两面市场商业模式

在生态系统中，各种生物及生物群落与其无机环境之间，在一定的时间与空间范围内，通过能量转换和物质循环而相互作用，构成一个统一的整体。产业生态系统理论学派将经济类比为自然生态系统。产业生态系统是由能够对某一产业的发展产生重要影响的各种要素组成的集合及其相互作用关系，是由与产品的研发、生产与应用有关的大学、科研机构、原材料供应商、核心生产者、互补投入生产者、互补品生产者、中介组织、消费者等产业的各类参与者，以及产业发展的支撑因素与外部环境等构成的产业赖以生存和发展的有机系统。与自然生态学家强调系统内物质、能量和信息的交换不同，产业生态学家更关心产业生态系统的各构成要素如何通过相互间的连接、依赖与协作，把产品研

发、设计、生产出来并最终达至用户，实现价值的创造，进而在宏观上实现产业的健康发展与经济的繁荣。

众陶联打造的陶瓷产业链整合服务平台，集聚了中国陶瓷产业上下游企业以及一批战略合作伙伴等多方相关主体，创造了商流、物流、信息流、资金流为一体的产业链平台经济，提升了陶瓷产业生态圈的系统性和耦合性。众陶联平台利用互联网工具着力促进研发设计、原材料采购、仓储运输、制造、批发、零售和服务等产业链关键环节中的信息共享与交流，推动各环节主体间的业务流程重组和合作关系优化，强化产业协同效用，促进整个陶瓷产业链横向、纵向、扁平化和立体化的无缝对接，加速供应链向动态的、柔性的、虚拟的、全球网络化的方向发展。

与仅面对一方市场的平台不同，如图2.2所示，众陶联构建了一个两面市场商业模式，不但重视提供价值给客户，同时也重视提供价值给商户。众陶联是两面市场之间的平台，通过整合一方市场成员的资源与能力来为另一方市场的客户提供价值。两面市场通过众陶联平台相互作用，两面的客户数量及资源量上升，使整个生态系统呈指数级增长。

图 2.2　众陶联平台

众陶联利用互联网工具治理行业腐败和内耗，优化产业生态系统环境。陶瓷产业多年来存在种种下层腐败、收受回扣、灰色利益链、黑色潜规则之类，行业内部心照不宣，陶企老板无能为力。众陶联利用了现代先进技术实施流程再造，去中间化，抑制灰色收入，发挥了净化陶瓷产业生态的作用。除了行业腐败，陶瓷企业之间打价格战形成"内耗"是产业生态环境的另一痛点。对内，通过提供行业共性服务、制定行业规范和标准，众陶联将企业精力从恶性价格竞争转移到加强产品品质、提升市场影响力上。对外，众陶联参与申请集体商标保护佛山陶瓷在国际市场的品牌声誉，与海关总署合作制定和发布陶瓷产品对外的出口标准，挽回中国陶瓷的国际声誉。

（四）从创新理论的角度，众陶联是一种技术性创新风险较低、成本收益高，并且有助于技术性创新的非技术性创新，是一种颠覆性的源创新模式

大部分学者和创新决策者对于创新的定义过于狭隘。在很多人的观念里，创新几乎等同于高科技，认为发明新科技、生产高科技产品或者建立新生产流程便是创新。大多数创新评价体系中通常以一个企业或一个区域一年内获得专利的数量来衡量它的创新程度。根据 OECD 对于创新的定义，除了产品（服务）创新和工艺创新这两大类技术性创新以外，还有包含营销创新和组织创新的非技术性创新。[①] 营销创新是指新的营销方式的实现，包括

---

① 经济合作与发展组织，欧盟统计署 . 奥斯陆手册：创新数据的采集和解释指南 [M]. 北京：科学技术文献出版社，2011.

产品设计或包装、产品分销渠道、产品促销方式或产品定价等方面的重大变革，旨在更好地满足消费者需求、开拓新的市场或为企业产品进行新的定位，以增加企业的销售额。组织创新是指商业实践、工作场所组织或外部关系等方面新的组织方式的实现，旨在通过减少管理成本或交易成本、减少供给的成本，以提高企业的绩效。技术性创新具有三个显著特性：一是高风险，二是投资大、周期长，三是创新成果必须实现产业化才能产生社会经济效益。相比较而言，非技术性创新具有低风险、低投入、周期短的特性，并且其成效往往不亚于技术性创新，在加速创新成果产业化、提高创新成果市场效益方面扮演着重要角色。

众陶联是典型的实现组织创新的非技术性创新。它是一种新型产业组织，在组织形式、体制机制上实现了深刻的非技术性变革，推动制造业优化产业协同效应、整合产业碎片化资源、提升行业整体盈利水平。作为一种非技术性创新，众陶联创造了显著的经济效益。以原材物料采购为例，众陶联平均为企业节省11.3%的采购成本，远高于单项陶瓷技术突破所带来的经济效益。众陶联的优势不仅限于降低成本，还在于重塑企业创新路径，赋能技术性创新，包括再造创新成果推广流程、重构新型创新合作关系、利用金融平台协助参与创新创业转化，跨越创新成果商业化的"死亡之谷"。

技术性创新可以根据新技术与现有技术的差异程度，分为持续改进型的"渐进式"创新与颠覆性的"激进式"创新或基础性的"技术变革"。《重新定义创新》的作者谢德荪认为技术性创新是"始创新",其本身并没有价值,它的价值在于企业应用始创新创造价值。[①] 他提出,"流创新"和"源创新"的概念,对应于技术性创新中渐进式创新和颠覆性创新。"流创新",取自"开源节流"中的"节流",指对改善现有价值链的创新活动,不仅包括降低成本,也包括改善现有价值理念的活动。"源创新",取自"开源节流"中的"开源",寓意为全新的开始,从无至有,更具颠覆性,主要通过推动一个新理念来创造新价值。实现这一新理念,需要相关经济主体联合起来形成配套体系,即支持新理念的生态系统。流创新只能在短期内创造价值,但持续流创新会造成报酬递减而制约、限制经济增长;源创新可以突破瓶颈,带来更大的发展空间,促使产业转型升级。

众陶联是源创新者,开创了产业抱团发展的颠覆式革命。以上提及的两面市场商业模式正是源创新的重要战略手段。众陶联利用自身资源和整合外部资源的最佳组合来提升产业抱团发展这一新理念的价值。通过两面市场的运作,众陶联突破陶瓷产业发展的瓶颈,为陶瓷产业生态系统中不同类型的参与者提供价值,拓展了陶瓷产业发展空间,实现了传统产业二次转型升级。

二、实践价值

(一)众陶联是移动互联网时代利用互联网工具提升产业价值的新标杆,实现了实体经济与虚拟经济的有效融合

互联网作为一种"连接"工具,拉起了一张无形的网,让信

---

① 谢德荪. 重新定义创新 [M]. 北京:中信出版社,2016.

息传递便捷化、透明化、公开化。它对于实体经济发展的作用已不局限于营销端，而是将从原材料采购到终端购买、售后服务的全产业链条串联起来，实现产业深度整合、协同发展。推动实体经济与虚拟经济的融合，核心是降低成本、提高效率、控制风险、提升效益，最终推动制造业实现创新模式、生产方式、组织形式和商业范式的深刻变革。

2015年3月的全国两会政府工作报告[①]中，李克强总理提出了"互联网＋"战略行动计划，旨在以互联网信息技术促进实体产业经济的发展，推动先进制造业发展和传统产业转型升级，形成中国经济发展的新动力。2018年6月工信部印发了《工业互联网发展行动计划（2018—2020年）》[②]，要求深入实施工业互联网创新发展战略，实现实体经济和数字经济的深度融合。我国工业互联网仍然处在市场培育期，大部分企业，尤其是传统产业企业，不知道如何通过工业互联网来解决行业"痛点"，不知道应从哪个方向进入，亟须标杆行业乃至标杆地区提供实践经验。众陶联是中国建陶行业利用互联网工具提升产业价值的先行者，利用互联网技术与思维，从根本上解决行业发展面临的瓶颈，为行业发展带来革命性的转变，产业互联网和实体经济互补效果显著。

众陶联是工业互联网平台的新标杆，有别于当前市场上的主

---

① 李克强 . 政府工作报告 [R/OL]. 新华社, 2015-03-16.
② 中华人民共和国工业和信息化部 . 关于印发《工业互联网发展行动计划（2018—2020年）》和《工业互联网专项工作组2018年工作计划》的通知 [A/OL]. 中华人民共和国工业和信息化部, 2018-05-31.

流模式。工业互联网平台是多元的，存在不同层次、不同类型的平台，满足不同需求、实现不同价值。目前市场上的工业互联网平台主要有几种类型：一是专注设备运营，比如 GE、三一重工；二是擅长设计仿真，譬如 PTC Thingworx 平台；三是长于物联网、优于数据运营，譬如微软 Azure IoT 平台；四是聚焦工业企业的经营管理和供应链管理，譬如海尔的 COSMOPlat 平台和用友精智工业平台，在供应端通过采购云与供应商打通，在工厂内部继承原有 ERP 的功能通过上云进行优化。众陶联属于供应链管理平台这一大类，同时也有别于其他的供应链管理平台。与为不同行业提供整体解决方案的、单纯的互联网技术供应商不同，众陶联是垂直行业的工业互联网平台。平台决策者是行业特征和运行规律的"内行人"，具有天然的精确诊断行业发展"痛点"和探索解决方案的优势。互联网技术仅仅是众陶联平台整合资金和产业资源、形成集体行动中的一个重要工具而不是唯一工具。除了供应链管理，众陶联平台的服务领域还包含创新、环保、区域品牌、金融等其他领域。

（二）众陶联是"再工业化"浪潮中探索中国制造业转型升级的先手棋，有助于发挥广东实体经济的比较优势

"再工业化"是西方学者基于工业在各产业中的地位不断降低、工业品在国际市场上的竞争力相对下降、大量工业性投资移师海外而国内投资相对不足的情况提出的一种"回归"战略，即重回实体经济，使工业投资在国内集中，避免出现产业结构

空洞化。欧美国家的"再工业化"绝不仅是简单的"实业回归"，而是在二次工业化基础上的三次工业化，实质是以高新技术为依托，发展高附加值的制造业，重新构建有强大竞争力的新工业体系。

欧美国家的"再工业化"对于正在试图转型升级的中国制造业来说，无形中增加了新的"天花板"。随着中国投资热情的下降和人口红利的逐渐消失，以价格为核心竞争力的中国制造业发展空间日渐收窄。中国从制造大国向制造强国的转型升级，实现中国制造向中国创造转变、中国速度向中国质量转变、中国产品向中国品牌转变的跨越发展的任务紧迫而艰巨。在全球掀起"再工业化"浪潮的关键时期，佛山作为中国唯一的国家制造业转型升级综合改革试点，众陶联探索制造业转型升级的经验将有助于中国制造在复杂的世界局势中寻找到新的坐标。

根植于实体经济，众陶联有助于发挥广东实体经济市场化程度高、集群化程度高、国际化程度高的比较优势。[①] 广东具有悠久的商业传统，改革开放先行一步，市场经济比较成熟，民营经济和外商投资及加工贸易经济发达。众陶联有利于发挥民营资本敏锐的市场嗅觉和根据市场实际状况迅速做出调整的反应能力。广东产业集群星罗棋布，集群内部产品专业化、零部件生产专业化、生产工艺专业化、生产配套服务专业化等专业化分工程度高。众陶联整合行业上下游资源、开展集体行动，进一步发挥产

---

① 丘晴，丘海雄. 珠三角创新的比较优势分析——基于制度嵌入性的视角 [J]. 南方经济，2016（3）：103–116.

业集群规模经济效益和专业化分工效益。广东以其得天独厚的区位优势受益于国家对外开放的优惠政策，经历了20世纪80年代中期至90年代中期的引进外资为主的发展阶段，其后不断优化贸易结构，提升投资水平，实现了从"引进来"为主向"引进来"与"走出去"并重的国际化战略转型，成为全国国际化程度最高的地区之一。众陶联助力陶瓷企业"走出去"，通过出口产品标准制定，与海关总署合作建立"一带一路"出口产品质量标准，对内通过筛选优质企业，使出口企业远离恶性价格竞争，对外进行标准推广和输出，改变国际对中国制造的偏见；建立关内展示馆、关外保税区，推动自主品牌和自主渠道建设，改变国际市场对中国陶瓷产品的偏见，提升中国陶瓷品牌的国际影响力。

（三）众陶联是供给侧结构性改革的宏观政策背景下深化改革的典范，为其他地区、产业推进供给侧改革提供了有益的借鉴

2000年后，"供需错位"已成为阻挡中国经济持续增长的最大路障：一方面，过剩产能已成为制约中国经济转型的一大包袱；另一方面，中国的供给体系与需求侧严重不配套，总体上是中低端产品过剩，高端产品供给不足。中国的供给侧供给效率低下。同时，中国面临产业结构、区域结构、要素投入结构、排放结构、经济增长动力结构和收入分配结构六个方面的经济结构性问题。

供给侧结构性改革是适应和引领经济发展新常态、推动经济发展方式转变和经济结构战略性调整的关键措施。习近平总书记在2015年11月10日的中央财经领导小组会议上提出"供给侧结

构性改革"①，要求提高供给体系质量和效率。2016年1月26日习近平总书记在中央财经领导小组第十二次会议上强调："供给侧结构性改革的根本目的是提高社会生产力水平……要在适度扩大总需求的同时，去产能、去库存、去杠杆、降成本、补短板，从生产领域加强优质供给，减少无效供给，扩大有效供给，提高供给结构适应性和灵活性，提高全要素生产率，使供给体系更好适应需求结构变化。"②2017年为中央确定的供给侧结构性改革深化之年。

作为全国制造业重镇，佛山相对于国内其他省市地区面临的供给侧结构性改革任务更为艰巨。在全国推进供给侧结构性改革的浪潮中，佛山以陶瓷全产业链整合先行，众陶联成为佛山推进供给侧结构性改革的典范。

众陶联的运营主体是供给侧结构性改革的主体。供给侧结构性改革的核心是更好发挥市场在资源配置中的决定性作用，矫正以前过多依靠行政配置资源带来的要素配置扭曲，减少政府对市场的干预。民营经济是佛山经济的中流砥柱。地方政府较少对经济直接干预，尊重企业、尊重企业家精神一直是佛山的优良传统。由陶瓷产业龙头企业抱团组建的众陶联，作为替代政府直接供给的公共服务和半公共服务的提供者，矫正市场失灵的同时有效降低了政府对市场直接干预造成的政府失灵，使陶瓷企业真正成为市场的主体，通过市场力量促成优胜劣汰。

① 习近平．习近平主持召开中央财经领导小组第十一次会议 [EB/OL]. 新华网，2015-11-10.
② 习近平．习近平主持召开中央财经领导小组第十二次会议 [EB/OL]. 新华网，2016-01-26.

　　众陶联利用互联网和金融工具，打好供给侧结构性改革"三去一降一补"的攻坚战，着力扩大有效和中高端供给，提升整体供给质量和水平。通过建立起撮合交易、集中采购、源头交易、竞价交易和委托交易五种交易模式和采购模式，实现了"去产能、去库存"。创新金融服务平台，整合产业、银行、政府等多方金融资源，利用行内人对产业真实态势的掌握和产业大数据分析结果作为重要风险控制机制，坚持底线去杠杆，促进金融更好服务实体经济。通过打造一个让陶瓷行业采购方和供应方直接对接的平台，提升供应链集成服务水平，真金白银降成本，切实减轻企业生产经营负担。通过推动完成108项陶瓷行业物料标准化以及检测检验标准化、采购商付款标准化等，修补了陶瓷生产标准不统一的"短板"；将产业链上下游的环保节能项目、技术、设备及服务吸纳进来，再通过行业资源的交流及整合完成产业对接，帮助企业实现节能减排的目标，修补陶瓷产业"高污染、高能耗、高排放"的环保"短板"；通过提供行业共性服务、制定行业规范和标准，引导企业将精力从恶性价格竞争转移到加强产品品质、提升市场影响力上，修补企业之间价格战"内耗"的"短板"；通过参与申请集体商标保护佛山陶瓷在国际市场的品牌声誉，与海关总署合作制定和发布陶瓷产品对外的出口标准，修补中国陶瓷国际声誉不佳的"短板"。

第三章　众陶联的成功经验

众陶联开创了广东省同行竞争性企业抱团在原材料采购、创新、环保、融资、产品销售、国际化等方面开展制度化、组织化集体行动的先河，为振兴发展实体经济开拓了一种新的思路。本部分运用集体行动理论，总结众陶联促成陶瓷产业集体行动以及提高集体行动效率的经验，为其他产业开展行业抱团发展提供借鉴。

第一节　集体行动理论回顾

一、集体行动的原动力

理性选择理论认为公共物品的需求才是集体行动的原动力，因为公共物品是个人力量无法缔造，必须依赖集体的力量才可以获得的物品。所有的集体行动都是由群体成员的公共物品引起的，不存在公共物品的群体不可能出现集体行动。因此，对公共物品的需求，是形成集体行动的本质原动力。行业公共物品的非排他属性产生"搭便车"现象，形成"集体行动的困境"[①]（OLSON M，1965）。组织和集体行动是相互关联的，组织的目的在于追求集体利益，并为维持集体行动提供持久的条件和力量。集体行动组织的重新发现是理性取向集体行动的一大贡献，持有该取向的学者往往将集体行动视为一种理性的组织化过程。集体行动理论为产业发展集体行动如何实现提供了有益的视角和洞察，以下对该理论发展现状进行简要回顾。

国内学者对西方集体行动理论进行了梳理（曾鹏，罗观翠，2006；冯建华，周林刚，2008）[②③]，在借鉴西方集体行动理论的基础上建构基于本土情景的集体行动理论（刘能，2008；于建嵘，2004）[④⑤]。赵鼎新将奥尔森解决"搭便车"困境的三种选择性激励的方法概括为"小组织原理"、"组织结构原理"和"不平等原理"，指出这些方法都是从组织角度入手，因而搭便车理论从某种意义上是一种组织理论，强调组织在集体行动中的重要性（赵鼎新，2006）[⑥]。

① OLSON M. The Logic of Collective Action：Public Goods and the Theory of Groups[M]. Cambridge, MA：Harvard University Press, 1965.

② 曾鹏，罗观翠.集体行动何以可能？——关于集体行动动力机制的文献综述[J]. 开放时代，2006（1）：110–123.

③ 冯建华，周林刚.西方集体行动理论的四种取向[J]. 国外社会科学，2008（4）：48–53.

④ 刘能.当代中国群体性集体行动的几点理论思考——建立在经验案例之上的观察[J]. 开放时代，2008（3）：110–123.

⑤ 于建嵘.当前农民维权活动的一个解释框架[J]. 社会科学文摘，2004（6）：44.

⑥ 赵鼎新.集体行动、搭便车理论与形式社会学方法[J]. 社会学研究，2006（1）：1–21.

二、集体行动的类型

集体行动在不同层次、不同领域具有不同的内涵。传统的集体行动研究主要集中在政治领域，指代各种形式的由一定群体参与的社会冲突的共同属性。刘能认为它（集体行动）包含了从突发的集体行为到正式社会运动在内的一个连续系统，涉及从草根组织到全球化社会运动，从宗教教派运动到恐怖主义活动在内的所有组织化政治表达形态[①]。

经济领域的集体行动主要研究公共物品供给问题，并且以农业为研究对象的居多，制造业偏少。在建设社会主义新农村背景下，农村生产性公共服务需求日趋加强，农民自发成立合作经济组织提供体制内无法满足的生产性公共服务，成为农村公共产品供给的有效可行的制度安排（王青云，邵晓秋，2009）[②]。创建和发展农业合作经济组织本身也是一种公共产品，同样面临"搭便车"的集体行动困境。促成农业合作经济组织形成的因素包括农户内生性的强烈需求、专业大户和经济能人的组织能力、政府的支持引导等（肖云等，2012）[③]。

为数不多的制造业领域的集体行动研究聚焦于集群集体行动。相对于非集群企业而言，集群企业具有独特的竞争优势，这

[①] 刘能. 当代中国群体性集体行动的几点理论思考——建立在经验案例之上的观察 [J]. 开放时代, 2008（3）：110–123.

[②] 王青云，邵晓秋. 合作经济组织提供农村公共产品：理论、实践和启示 [J]. 湖南社会科学, 2009（3）：117–119.

[③] 肖云，陈涛，朱治菊. 农民专业合作社成员"搭便车"现象探究——基于公共治理的视角 [J]. 中国农村观察, 2012（5）：47–53.

种优势主要有两个方面的来源：第一，由于企业与企业之间、企业与原料供应商和销售商之间在空间距离上的接近而降低了运输成本，形成外部规模经济；第二，建立在特殊的地域性社会关系网络基础上的企业之间的分工合作和联合行动所带来的"集体效率"的提高[①]。一般来说，集群环境可以节约运输成本，形成外部规模经济，但能否提高集体效率在很大程度上取决于集群企业通过集体行动创造公共产品的能力。创新、培训和教育、国际化、区域营销、基础设施建设、集体诉讼等都属于集群集体行动的主题。

借鉴 Tilly 将集体行动划分为"先发型"、"反应型"和"竞争型"，经济领域的集体行动可以分为内生型集体行动和外生型集体行动，二者提供的产品都具有公共产品性质（易明，杨树旺，2010）[②]。内生型集体行动是指一个群体由于内在需求发展变化而采取的行动。借用到集群领域，内生型集体行动是指由于集群自身发展需要，为提升集群竞争力而采取的集体行动，与"先发型"和"竞争型"集体行动对应。内生型集体行动的特点可以概括如下：集体行动诱因的内生性，也即行动的直接诱因，来自内部需求的变化，如对基础性技术的需求导致技术研发联盟的出现；集体行动的长期性，以合作为基础的共同努力一旦形成就具有相对稳定性；集体手段的温和性，主要采取温和的合作手段，包括建

---

① 何雄浪，李国平，杨继瑞. 我国产业集聚原因的探讨——基于区域效应、集聚效应、空间成本的新视角 [J]. 南开经济研究, 2007（6）：45-60.

② 易明，杨树旺. 产业集群治理的集体行动：影响因素及实现条件——以温州打火机产业集群集体诉讼为例 [J]. 宏观经济研究, 2010（8）：65-71.

设硬件基础设施（如道路交通、通信、电力等）、打造专业市场形成区域品牌、共同研发技术、共同治理环境污染等。

外生型集体行动是指当一个群体受到其他群体占有其资源的威胁时而采取的行动，群体所遭受的侵犯性行为是导致集体行动的前提，与"反应型"集体行动对应。借用到集群领域，外生型集体行动是指由于集群外部发生影响集群利益的行为而产生的集体行动。我们可以进一步将这种导致集群集体行动的事件称为"外生性事件"。外生型集体行动的特点可以概括如下：集体行动诱因的外生性，也即行动的直接诱因，来自外部环境的变化，是由于外部事件或行为导致集群处于不利地位；集体行动的暂时性，只要外在威胁事件消失，集体行动即解除；集体行动手段的极端性，主要采取反抗手段而不是温和合作手段。应对反倾销诉讼的外生型集体行动及其困境是国内学者研究的重点（徐建牛，孙沛东，2009[①]；宋妍等，2007[②]；陈潭，2003[③]；黄少卿，余晖，2005[④]；Kingsbury and Hayter，2006[⑤]）。

三、集体行动的影响因素

① 徐建牛，孙沛东. 行业协会：集群企业集体行动的组织基础——基于对温州烟具协会的案例分析 [J]. 浙江学刊，2009（1）：200–205.

② 宋妍，朱宪辰，刘琦. 异质性与行业反倾销应诉的集体行动 [J]. 管理现代化，2007，151（3）：11–13.

③ 陈潭. 集体行动的困境：理论阐释与实证分析——非合作博弈下的公共管理危机及其克服 [J]. 中国软科学，2003（9）：139–144.

④ 黄少卿，余晖. 民间商会的集体行动机制——对温州烟具协会应对欧盟打火机反倾销诉讼的案例分析 [J]. 经济社会体制比较，2005（4）：66–73.

⑤ KINGSBURY A，HAYTER R. Business Associations and Local Development：The Okanagan Wine Industry's Response to NAFTA[J]. Geoforum，2006，37（4）：596–609.

现有研究指出影响集群集体行动的因素包括微观层面共同信念和集体认同的产生，中观层面资源的组织化程度和社会资本以及精英（如领导型企业）的影响，宏观层面法律、法规、政策等正式制度和文化习俗等非正式制度的影响，为提出分析产业集体行动的分析框架提供了有益借鉴（朱宪辰，李玉连，2007[①]；易明，杨树旺，2010[②]）。已有的理论探索和实证研究显示，行业协会的运作符合了奥尔森提出的选择性激励和小集团理论，在推动企业之间相互合作解决集体行动问题中发挥了积极作用，是集群集体行动的组织基础（郑小勇，2008[③]；林琼慧，2008[④]；王玉珍，2007[⑤]）。在中国特定的制度环境下，行业协会难以如国外行业组织一样有效发挥组织和促成产业发展集体行动的作用。

我们对广东产业集群进行多年的追踪性研究，发现了一些产业集群的行业协会、商会在组织集体行动中发挥了很好作用的案例。潮州庵埠食品行业协会通过建立诚信协议解决商标仿冒的问题；南海平洲玉石行业协会通过组织玉石毛料拍卖会解决交易过程中的欺诈问题；中山大涌红木家具商会组织会员企业共同采

① 朱宪辰，李玉连. 领导、追随与社群合作的集体行动——行业协会反倾销诉讼的案例分析 [J]. 经济学（季刊），2007, 6（2）：581-596.

② 易明，杨树旺. 产业集群治理的集体行动：影响因素及实现条件——以温州打火机产业集群集体诉讼为例 [J]. 宏观经济研究，2010（8）：65-71.

③ 郑小勇. 行业协会对集群企业外生性集体行动的作用机理研究 [J]. 社会学研究，2008（6）：108-130.

④ 林琼慧. 反倾销应诉"集体行动困境"的破解之路——以温州行业协会为例 [J]. 上海经济研究，2008（3）：26-31.

⑤ 王玉珍. 行业租金、行业协会与行业自我治理 [J]. 经济学家，2007（2）：102-109.

购，以集体行动节省采购成本；顺德燃气具行业协会组织创新专业委员，为会员企业提供创新服务。这些为数不多的集体行动成功案例，主要归功于协会会长的公心。行业协会、商会作为非营利性组织，缺乏稳定、可持续的组织经费来源，虽担负着利他、利行业整体的职能，但成效不佳。行业协会、商会没有明确的利益机制，会员之间没有利益纽带，难以有效推动行业集体行动[①]。

第二节　众陶联行业集体行动何以可能

众陶联的宗旨是"众陶联、联众陶、利益大众"，即"抱团取暖"。在众陶联成立之前，行业也曾经有过许多抱团的尝试，但大多以失败告终。众陶联之所以能成立，可以用"天时、地利、人和"六字概括抱团发展何以可能的影响因素。根据以上集体行动的分类，众陶联促成了经济领域的集体行动，其诱因是内生性的，行动具有长期性、制度化、组织化、手段温和等主要特征。

一、天时

（一）集体认同

众陶联实现行业发展集体行动的"天时"因素，首先是行业发展瓶颈和国家政策导向等促使陶瓷行业对产业发展集体行动的

[①] 丘海雄，于永慧.中国制造的腾飞——珠三角产业转型升级的实证研究[M].北京：人民出版社，2018.

必要性和迫切性的认同。改革开放以来，在庞大的市场需求驱动下，大量建陶生产企业的发展势头可谓顺风顺水、势不可当。各陶瓷企业规模不大，无须合作也能获得可观的利润。经过30年粗放式发展，2013年以来行业形势急转直下，宏观经济持续低迷、产能过剩、终端竞争白热化、消费者日趋理性等因素都令大量的瓷砖品牌终端销售备受煎熬。仅在2015年夏季，中国建陶行业各大产区规模以上的建陶生产企业倒闭数量就达到了20余家。在当今的新常态下，佛山陶瓷产业已面临着产能过剩、市场低迷、竞争过度、出口受阻、成本增加、利润下滑等诸多痛点，急需调整、急需提升、急需转型。陶瓷销售的南冷北热现象表明，与其他产区相比，佛山在原料成本、燃料成本、用工成本、经营成本以及产品销售半径等方面的优势消减，佛山产区亟待转型升级，再造优势。陶瓷企业在当下的环境中遇到的重重困难，大部分是单个企业难以解决的，抱团发展则是最有可能走出困境的一条路。

在外部环境倒逼压力下，国家提出从"供给侧"和"需求侧"两端发力，通过推动"大众创业、万众创新""互联网+"等供给侧改革新抓手，推进结构性改革，着力培育壮大"新动能"。国家出台的《供给侧结构性改革方案》《中国制造2025》《国务院关于积极推进"互联网+"行动的指导意见》《国务院关于印发降低实体经济企业成本工作方案》等政策，为南庄的陶瓷转型升级指明了航路，成为众陶联诞生和成长的沃土。在"大数据"和互联网时代，互联网工具为各行各业的发展带来了极大的便利，但在建陶行业，互联网的这股力量对行业的影响显然是非常有限的。蓝源资本提出的"产业＋互联网＋金融资本"的顶层设计，为佛山建陶利用互联网工具推动产业转型发展提供了一个巨大的发展空间，为企业抱团发展提供了新的思路。

　　作为传统制造业，建陶行业长期以来粗放发展的模式，在互联网力量几乎席卷一切的新时代下，正遭受来自各种外部压力的无尽打击，也正是在这种外部力量的鞭策与高压以及国家政策的引导之下，转型升级成为行业企业的普遍共识。在众陶联成立以前，在佛山陶瓷行业协会的牵线搭桥下，由佛山14家陶瓷企业共同出资组建的佛山陶瓷产业联盟有限公司，正是行业抱团实现整个行业转型和升级愿望强烈的表现。

　　（二）技术发展机遇

　　众陶联是中国建陶行业利用互联网工具提升产业价值的先行者，其以互联网公开、透明、便捷的优势服务建陶生产，为行业抱团发展在技术上带来革命性的转变。第一，互联网使集体行动动员结构发生改变。互联网平台的出现使得信息沟通更方便、成本更低，信息获取更加多样化，突破了地域的限制，有助于扩大集体行动群体的规模。互联网允许用户私人定制，根据不同用户的需求发送不同的信息，因而能更有效地动员潜在的集体行动参与者。第二，互联网工具使集体行动形式多元化。蒂莉将集体行动形式库定义为"一个群体为了争取共同利益在一起行动时可能采用的方法"，并认为集体行动形式库具有很大的稳定性，集体行动的创造性革命并不常见。在移动互联网时代，蒂莉的预言被打破。网络不仅提供了多样化的集体行动动员手段，还提供了与传统的集体行动方式不同的更多元化、创新化的集体行动方式。第三，互联网工具的运用能有效降低参与集体行动的成本和风险，产业"大数据"价值的挖掘和利用则大幅度提高了集体行动参与的收益，有利于突破"搭便车"的集体行动困境。

二、地利

（一）产业集群化优势

众陶联坐拥促成产业集体行动的地利。佛山陶瓷产业历史悠久，从一个很原始、很落后的状态起步，借改革开放的东风迅速从八大产区之末跃居十大产区之首，成为中国陶瓷产业的一匹黑马和当之无愧的领头羊。建陶产业也成为佛山传统支柱产业之一，在佛山经济版图中占有重要地位。中国现代建陶工业得以率先在佛山破土而出并随之辐射全国，往常归之为佛山或石湾的"人杰地灵"，建陶工业绝大部分人都来自江西、湖南等地，佛山建陶工业的成就更多归功于"地灵"。所谓"地灵"并不是指堪舆学"左青龙、右白虎"的地方风水，而是指这个地方宜工宜商宜居宜创的社会环境、社会气候与社会风气。事实上佛山的头上有着很多光环，诸如国家级历史文化名城、全国文明城市、国家卫生城市、国家园林城市等，同时也是全国先进制造业基地、广东重要制造业中心。

佛山陶瓷产业集群化是成功抱团的重要因素。佛山拥有全国建筑陶瓷产业中产业链配套最齐全、产业体系最完善的产业集群，年产值近千亿元，达到世界范围的"七个最大"：世界最大的陶瓷配套中心、世界最大的陶瓷研发中心、世界最大的陶瓷人才中心、世界最大的陶瓷信息中心、世界最大的陶瓷品牌中心、世界最大的陶瓷交易中心、世界上最大胡陶瓷出口中心。产业集群因企业在空间上的高度集聚而提供了分工合作的可能性和便利条件。

（二）产业组织优势

传统产业面临的成本上升、产能过剩、出口受阻、利润下降、创新乏力困境形成了产业组织创新的倒逼机制。新一代信息通信技术的发展为消除组织创新的障碍提供了崭新的技术手段和实现工具，降低了新型产业组织的交易成本，提升了新型产业组织的运行效率，提高了资源利用的组织化、制度化程度（杜传忠，王飞，2015）[①]。倒逼机制和技术进步，使中国集群化传统产业的产业组织创新具有必要性和便利性，完成了企业从"单打独斗"到"抱团发展"的转变，形成集群从"高度聚集、低度整合"到"高度聚集、高度整合"的发展趋势。本书第二章已经对众陶联这种新型产业组织进行了详细论述，在此不再赘述。

（三）领导型企业

佛山陶瓷产业中的龙头企业是行业抱团发展的主要推动者。根据奥尔森的集体行动理论，企业之间具有一定程度的异质性是

[①] 杜传忠，王飞. 产业革命与产业组织变革——兼论新产业革命条件下的产业组织创新 [J]. 天津社会科学，2015（2）：90-95.

达成集体行动的必要条件。所谓异质性，指的是不同的企业从集体行动成果中得到的好处不一致，那些得益大的企业愿意为集体行动做贡献的动机更高，承担集体行动成本的动机和能力更强，从而有利于集体行动的达成。在集群中，领导型企业成为影响集体行动的主要因素。众陶联是由佛山陶瓷龙头企业抱团发起，这类企业拥有更强的参与集体行动的动机，同时拥有更多的资源、能力以及以此为基础的集群网络权力促成集体行动。

三、人和

（一）行业精英的作用

组建众陶联的领导班子是极具企业家精神的从事陶瓷行业多年的产业精英，对企业生产、科研、销售以及整体经营的每个环节和行业供应链的逻辑均了如指掌。他们精确诊断行业的痛点，找准集体行动的切入口和突破口，使众陶联抱团发展模式在短时间内得到行业和政府的认可。同时，他们拥有广泛的人脉资源，在众陶联组建过程中对动员各方行动主体参与以及整合相关资源发挥了重要作用。

（二）政府部门和行业协会的大力引导与支持

众陶联的成立也离不开行业协会的支持。在众陶联成立之前，中国陶瓷行业已有行业抱团发展的萌芽。2014年11月，由佛山陶瓷行业协会牵头，14家陶瓷企业共同出资注册成立了佛山陶瓷产业联盟，解决单个企业解决不了的问题。陶瓷产业联盟由行业协会代为托管，缺乏有效激励机制和可持续发展机制，成效欠佳。2015年12月15日，佛山市政府邀请行业六大协会代表听取餐饮行业抱团发展的成功案例"众美联"，时任佛山市陶瓷协会副会长现场主动提出由陶瓷行业率先试水。

　　地方政府亦对众陶联提供了有力支持。时任广东省委书记胡春华、时任广东省省长朱小丹，以及中国工程院院长周济，都专门针对众陶联怎么发展，提出了工作的要求和思路，也多次要求众陶联汇报工作的进程。广东省经信委将众陶联平台作为电力集中采购试点，以降低电力成本，激励陶瓷集团企业参与众陶联平台，助力众陶联迈过抱团发展的门槛。成为众陶联会员的企业在用电上至少每度可降低3分钱，这样的优惠对于大型企业来说，仅电费一项每年就可降低上千万元的成本。佛山市委书记鲁毅在他履新佛山市委书记的当天，亲自参加了他就职之后的第一个新闻发布会——佛山众陶联产业平台签约仪式。佛山市委市政府专门指定了一位副市长来联络负责众陶联的工作，指定了佛山市商务局作为众陶联的指导单位，帮助解决众陶联在供应链发展过程所遇到的税务问题、金融问题，以及一些重大政策的障碍。佛山设立了总规模5亿元的供给侧结构性改革基金，鼓励深化供给侧结构性改革中去产能、去库存、去杠杆、降成本、补短板重点任务项目，着重投向规模以上企业。"众陶联"成为首个获得2000万元的供给侧结构性改革基金的企业平台。这2000万元的资金为平台在实现自我造血能力前提供了有力的资金支持。

　　国家不同部门对众陶联的支持为其发展模式提供了背书，增强了行业对集体行动的认知度和信任度。众陶联先后成为国家发改委新型服务业试点企业、国家供应链创新与应用试点企业、国家标委会国家级服务业标准化试点企业、国家首批线上线下融合发展数字商务企业、国家发改委等17个部门联合发起"数字化转型伙伴行动倡议"的首批倡议企业中唯一产业互联网平台代表，同时也是大型政论专题片《将改革进行到底》供给侧结构性改革唯一的企业案例。

第三节　众陶联提高集体行动效率和成效的主要做法

一、精准诊断行业共性问题找准集体行动的切入口

众陶联提高行业抱团发展效率的最核心经验是精确诊断行业发展遇到的公共问题，这些公共问题必须是单个企业不能解决，政府部门、行业协会亦未能有效解决的。不同行业发展面临的问题不一样，存在的关键问题和核心问题存在差异性。众陶联就是行业"医院"，根据行业运行和发展的内在逻辑，精确诊断行业发展的共性"痛点"，找准行业抱团行动的切入口，针对行业中出现的种种沉疴提出具体的解决方案。

众陶联将集体行动的突破口放在供应链上。陶瓷行业生产原料的采购，是企业生产经营中最核心的环节之一，由于相关标准缺失，长期以来受制于行业腐败，采购成本居高不下。从集中采购入手正是一种有利于行业和企业的行为，通过为企业创造价值

使众陶联平台获得更多企业的认可。佛山陶瓷企业的采购市场极大。佛山规模以上陶企每年采购额至少以千万元计算，大集团年采购更是以十亿元为单位计算。众陶联打造了透明、阳光的供应链采购平台，以类似集合竞价的方式，即参与的陶瓷企业将各自采购需求通过产业平台进行有效集合，然后与进驻平台的供应商集体协商交易，以公开化、透明化、流程化的运作方式为企业节省采购成本，将阳光引入产业采购环节，实现采购商和厂家的直接对接。同时，对采购物品各家企业还会进行点评，这种行业性的评价体系将有利于消除采购环节的不良风气，很有可能改变整个行业格局。众陶联选取部分量大、标准化的单品进行试水，在电、煤、保险、广告、纸箱等单品上取得突破，串起整个陶瓷企业采购链，为众陶联日后的发展奠定扎实的基础。

二、构建多层次利益机制强化集体行动的选择性激励

集体行动选择性激励，即通过对"搭便车"者的"惩罚"以及对集体行动参与者提供除了公共物品以外的额外奖励，可以促成集体行动并提高其行动效率。众陶联是一个多赢的平台，"利众"是核心所在——对陶瓷企业有利、对供应商有利、对消费者有利、对政府有利、对社会有利。为实现利众的目标，众陶联设计了"利己"的多层次的利益共享与协调机制，激发平台参与各方的积极性，充分调动人力资源、金融资源和产业资源。采用产业合伙人模式，加入平台的企业都是平台的合伙人，可以分享到平台所带来的供应链金融、大数据开发、资金池、资本市场回

报等多重收益。众陶联构建了阶梯式的会员体系，黑金卡、白金卡、银卡、黑卡分别对应顶层合伙人、一级合伙人、二级合伙人、注册会员，阶梯式的会员体系对信息的合理分配起到一定作用，阶级式的流动也令更多长尾企业得到释放，半封闭半开放的体系特征也从一定程度上遏制了某些企业"搭便车"的行为。为扩大平台的影响力，众陶联制定了积分换股权政策，供应商可凭借在平台上的交易流量兑换积分，根据众陶联制定的规则，以积分换取众陶联的股权，成为众陶联股东之一。众陶联为企业采购负责人提供完善的交易平台和健全的奖励机制。众陶联通过媒人红包奖、举报奖、伯乐奖等奖励机制，鼓励企业采购负责人积极参与交易平台，互相监督，建立行业阳光采购机制。只要企业老板同意把企业采购流量放上平台即可创造效益。在内部管理方面，众陶联采取人力资本持股模式激励众陶联内部员工的主动性和积极性。

三、运用互联网工具提升集体行动的价值

众陶联开展集体行动成效显著，在不断摸索中探索出多个盈利点，主要得益于互联网工具的有效运用。以集体采购为例，众陶联成立全球首家"B2B+O2O"陶瓷产业链集采平台，将行业核心企业的供应和采购从线下搬至线上，通过平台聚合陶瓷企业的采购需求，以大批量采购的方式向供应商谈判以获得低于市价的采购价格，从而降低采购成本。所有采购流程透明化，众陶联向采购企业公开每个采购环节并每天实时共享采购信息，降低信息

不对称的程度。众陶联通过开展采购集体行动实现去中间化，让企业直接获益，而降低的这部分采购成本，由平台与采购商、供应商磋商分成，达到多方共赢。

众陶联利用大数据优化集体行动的路径，从而提升集体行动的价值。众陶联平台上庞大的交易流量是最原始数据来源，除此以外还有120多家供应商线下定点采购的数据、政府和行业协会的脱敏数据以及66家合作的专业网络通过采集技术抓取的相关数据。众陶联通过对行业专业数据进行汇总、整理、分析，提高采购效率和质量、重塑专业化采购路径、构建"重货"物流模型、推动最优化标准落地、指导开展企业信用评价、有效把控行业发展的最新趋势和市场风向标，为众陶联平台推进集体行动提供数据依据和方向指引。

四、创新金融工具降低集体行动的风险

与传统金融机构相比，众陶联具有控制金融风险和降低融资门槛的先天和后天优势。众陶联引入产业资本为产业发展融资，将金融资源配置到实体经济发展的重点环节和薄弱环节，探索供应链金融工具创新，为集体行动赋能。

先天优势在于众陶联产业链平台的专业性。众陶联深谙产业发展趋势、市场需求、行业短板，具有"行业专有知识"的优势，更了解投资项目的必要性、可行性和营利性；有能力对项目进行追踪评估、精准诊断并提供解决方案，及时识别、防范和化解风险；也能够凭借平台的公信力、影响力和资源等更有效处置不良

资产、盘活坏账。

后天优势是利用大数据资源建立风险可控可量化机制。目前的信贷主要以土地、厂房等固定资产作为抵押，企业的应收账款、优质订单、存货等潜在的信用资源没有发掘。历经三年的时间，平台积累了交易大数据（如电费缴纳、能源采购、砂坭和包装物、化工原材料采购流量）和8000多条会员企业和个人在平台的建档信息，是以往金融机构难以获得或者忽略的作为风险预警的重要依据。例如，陶企经营出现资金链断裂，通常首先拖欠供应商货款，然后拖欠工资，最后不得已才拖欠银行贷款。在银行发现问题时，企业已经病入膏肓。众陶联的原材物料采购B2B平台实时掌握陶企赊销情况，也掌握陶企人员流动信息。若陶企未如期缴纳货款和因拖欠工资导致员工流失，平台数据系统能进行预警，提示企业信用危机的概率和等级，提供可量化预警数据。众陶联利用这些数据创新信用，使之成为新型信贷模式的风向标，运用平台大数据建立的信用模型分析可能违约的企业的特征和违约的概率。专业风控人员将申请融资的企业与模型数据做比对，结合业务人员现场调查、第三方评价以及公信系统记录的情况进行综合分析，最后由风险管理委员会评判是否受理赊销业务、信用额度和贷款利率。

第四章 政策分析与评估

本部分首先通过对产业政策的梳理，反思目前产业政策存在的问题，厘清支持众陶联这一类基于互联网的新型产业发展平台和行业抱团发展行动的重要性。其次利用政策文献分析方法以及众陶联案例访谈，对当前相关政策的目标、政策工具及其有效性进行评估，并提出相关的政策建议。

第一节 产业政策理论和实践经验回顾

第一、二、三产业是国民经济可持续发展的支撑力量和社会和谐稳定的重要基石。林毅夫和张维迎的产业政策废存之争，引发了我国学术界的大辩论。林张之争对于实践的指导意义在于精准定位政府有所为和有所不为的黄金分割点。2015年年底中央经济工作会议曾将"产业政策要准"作为推进深化经济改革的五大政策支柱中的第二根支柱。通过回顾产业政策相关理论以及结合我们多年对珠三角产业政策的实证研究，反思产业政策存在的问题，提出完善产业政策的建议。

一、产业政策反思之一：重产业结构政策，轻产业组织政策

改革开放以来，产业政策主流是以三次产业比例的合理化、各次产业内部结构的高级化为主要目标的产业结构政策，产业结构政策与产业组织政策脱节，产业政策总体成效弱化。产业结构政策旨在实现资源在产业之间的合理配置，产业组织政策本质上通过协调市场竞争与规模经济的关系，解决资源在产业内部的有效利用问题。从这个意义上说，合理的产业组织系统是产业结构高效运行的微观基础。

产业组织政策包括区域内同一产业和区域间相关产业两个层面。在区域内部层面，优化产业组织的路径存在两种观点：一种认为应努力促进企业组织大型化，提高单个厂商的规模经济，建立起适度集中的寡头主导型市场结构；另一种则认为发展大企业或企业集团和促进中小企业发展同时并举。在改革开放的实践中，发展大企业或企业集团观点占主导，通过企业兼并，将企业做大做强，培育一批具有国际竞争力的大型企业集团。这种战略的实施取得了一定成效，但存在一定的局限性。据统计，2017年中国大企业只占1%[①]，占比99%的中小微企业大部分直面市场、生产终端产品，与大企业争市场、打价格战争。促进大企业和中小企业之间形成合理的分工与协作，对于产业组织优化和经济结

①　中小微企业占我国企业数量的99%[EB/OL]. 中国统战部网站，2017-11-30.

构优化升级具有重大实践和理论意义。在实践中，企业间应该以怎样的组织形式实现区域内纵向一体化的分工和有序竞争仍有待破解。

区域间层面的产业组织政策主要解决区域间的经济联合问题，通过反对地区垄断和地区之间设置壁垒，促进区域经济专门和协作化的形成与发展，发挥跨区域的产业规模效益和专业化分工效益。地方本位主义驱使地方政府以本地区经济利益最大化为追逐目标，极力追求"自成体系""门类齐全"的封闭式产业经济系统，导致产业结构趋同、项目趋同、基础设施建设重复投资，资源大量内耗，经济效益低下。长三角一体化、珠三角一体化、京津冀一体化战略正是为了打破"诸侯经济"格局，加强区域间经济协作发展。各区域一体化不同领域中，基础设施一体化、公共服务一体化、环境保护一体化在行政手段的推动下成效显著，产业发展一体化却成效欠佳，其主要原因在于缺乏有效的跨区域经济协作组织。

因此，亟须加大对促进产业分工协作的产业组织创新的政策支持力度，为下一阶段产业结构深度调整提供合理、有效的产业组织支持。

二、产业政策反思之二：重弥补市场失灵，轻系统失灵

珠三角已形成了门类齐全的地方产业政策体系，涵盖人才、土地、技术创新、融资、市场开拓、节能环保等领域。大部分产业政策解决的是"市场失灵"问题，如弥补市场力量不足的战略

性新兴产业发展政策和中小企业发展政策，针对市场力量泛滥的反垄断政策，处理正外部性的技术创新政策，纠正负外部性的节能环保政策等。其中，技术创新政策在产业政策体系中所占比例最大。

与"市场失灵"相比，"系统失灵"尚未得到产业政策研究者和决策者的足够重视。"系统失灵"这一概念源自产业集群理论。产业集群是某一特色产业相关行动主体（包括上下游企业、高校、科研机构、中介服务机构等）在地理位置上集聚而便于形成专业化分工合作的一种产业组织形式。经济学以外部规模效应解释产业集群的竞争优势。"系统失灵"主要是指促进集群相关行动主体之间的联结、分工与协作的制度性安排缺失。

集群化是珠三角产业优势之一。珠三角产业集群呈现"高度集中、低度整合"的特征，"系统失灵"问题较为严重，主要表现在：珠三角同一区域产业集群内部专业化分工合作程度不高，外部规模效应未能有效发挥；珠三角不同区域相关产业集群之间在不同价值链环节之间的专业分工合作亦进展不佳；区域产业发展相关配套要素与产业发展水平不协调，如人力资源和城市化水平。

因此，未来产业政策施为的重点需从缓解市场失灵向缓解系统失灵转变，加大对碎片化产业资源的整合、加强产业链之间的配套协作水平等方面的政策支持力度，提高产业系统运行的质量和效率。

三、产业政策反思之三：重财政扶持手段，轻信息政策工具

珠三角产业政策工具主要以补助、贴息、税收优惠、直接奖励等无偿性财政补贴为主，近年来采用股权投资、政策性贷款等有偿、有条件的财政扶持手段所占比例和力度逐渐加大。直接或间接的财政扶持手段仍被珠三角地方政府视为产业工具箱中的最主要政策工具。这类政策工具往往是"撒胡椒面"和"晴天送伞，而非雪中送炭"，政策效应弱化。

珠三角地方政府尚未充分意识到信息工具的作用。随着市场竞争白热化，企业对信息的需求大幅度提高，但信息供给却严重不足，尤其是为企业决策和战略规划提供支持的产业预警信息和政策预警信息。根据2011年对珠三角2400家企业的问卷调查结果，创新信息的可获得性被企业列为影响技术创新绩效最为重要的因素[①]。

在政府财政预算有限的情况下，增强信息政策工具的运用具有理论依据。信息不对称是影响市场资源优化配置的重要因素。提供市场信息、技术信息、政策信息、为相关行动主体牵线搭桥的合作信息等，能弥补由于信息不对称而造成的市场失灵和系统失灵，实现资源的有效整合和利用。根据西方学者对于政策工具的分类，信息政策工具属于政府干预强度最低的手段，有助于降低政府失灵的可能性[②③]。

① 丘海雄，于永慧. 中国制造的腾飞——珠三角产业转型升级的实证研究 [M]. 北京：人民出版社，2018.

② HOWLETT M,RAMESH M. Studying Public Policy：Policy Cycles and Policy Subsystems[M]. Oxford：Oxford University Press，1995：82.

③ 陈振明. 政府工具导论 [M]. 北京：北京大学出版社，2009：43.

因此，在政策工具的选择上，产业政策应增强信息政策工具运用的广度和深度，以"信息先行"作为推动实体经济发展的重要抓手，充分发挥"互联网＋大数据"对于产业转型升级的作用。

第二节 产业组织政策分析与评估

以上产业政策的回顾分析表明，进一步完善产业政策系统为振兴发展实体经济提供有力支持，亟须着力培育新型产业组织，这类组织主要解决区域内部和区域之间产业分工协作水平不高的系统失灵问题，利用互联网作为提高产业整合发展水平的工具，实现实体经济和虚拟经济的有效融合。

一、相关政策梳理

在2000年以后，党中央、国务院已开始重视电子商务发展工作，以信息化带动工业化，转变经济增长方式，提高国民经济运行质量和效率。随着信息技术的发展和普及，我国电子商务快速发展，应用初见成效。国务院先后出台《工业转型升级规划（2011—2015）》[①]《关于大力推进信息化发展和切实保障信息安全

---

① 国务院.国务院关于印发工业转型升级规划（2011—2015年）的通知: 国发〔2011〕47号[A/OL]. 中华人民共和国中央人民政府, 2012–01–19.

的若干意见》①《关于推进物联网有序健康发展的指导意见》②《"宽带中国"战略及实施方案》③《关于加快发展生产性服务业促进产业结构调整升级的指导意见》④等一系列文件，工信部研究制订了《电子商务"十二五"发展规划》⑤《关于加快推进信息化与工业化深度融合的若干意见》⑥《信息化和工业化深度融合专项行动计划（2013—2018年）》⑦，对两化深度融合重点工作做出部署。

　　近年来我国电子商务发展迅猛，不仅创造了新的消费需求，电子商务与制造业加速融合，引发了新的投资热潮，推动服务业转型升级，催生新兴业态，成为提供公共产品、公共服务的新力量，成为经济发展新的原动力。为推动互联网由消费领域向生产领域拓展，加速提升产业发展水平，2015年国务院连续出台多项政策深入探索工业电子商务发展的新思路、新手段和新途径。

　　《国务院关于促进云计算创新发展培育信息产业新业态的意见》提出充分发挥云计算对数据资源的集聚作用，推动大数据挖

①　国务院. 国务院关于大力推进信息化发展和切实保障信息安全的若干意见：国发〔2012〕23号 [A/OL]. 中华人民共和国中央人民政府，2012-07-17.

②　国务院. 国务院关于推进物联网有序健康发展的指导意见 [A/OL]. 中华人民共和国中央人民政府，2013-02-17.

③　国务院. "宽带中国"战略及实施方案 [EB/OL]. 中华人民共和国中央人民政府，2013-08-01.

④　国务院关于加快发展生产性服务业促进产业结构调整升级的指导意见：国发〔2014〕26号 [A/OL]. 中华人民共和国中央人民政府，2014-08-06.

⑤　工业和信息化部. 电子商务"十二五"发展规划 [EB/OL]. 中华人民共和国中央人民政府，2012-03-27.

⑥　信息化推进司. 关于加快推进信息化与工业化深度融合的若干意见：工信部联信〔2011〕160号 [A/OL]. 中华人民共和国工业和信息化部，2011-04-20.

⑦　工业和信息化部. 关于印发信息化和工业化深度融合专项行动计划（2013—2018年）的通知：工信部信〔2013〕317号 [A/OL]. 中华人民共和国工业和信息化部，2013-09-05.

掘、分析、应用和服务，使信息资源得到高效利用，为促进创业兴业、释放创新活力提供有力支持①。

《国务院关于大力发展电子商务加快培育经济新动力的意见》中提出要创新工业生产组织方式，支持生产制造企业深化物联网、云计算、大数据、三维（3D）设计及打印等信息技术在生产制造各环节的应用，探索建立生产性创新服务平台，推动制造业转型升级②。

《中国制造2025》提出要深化互联网在制造领域的应用，推动形成基于消费需求动态感知的研发、制造和产业组织方式，建立优势互补、合作共赢的开放型产业生态体系③。

国务院《关于积极推进"互联网＋"行动的指导意见》中提出要发展"互联网＋"协同制造，提升制造业数字化、网络化、智能化水平，加快开发和应用工业大数据。加强产业链协作，发展基于互联网的协同制造新模式，打造一批网络化协同制造公共服务平台，加快形成制造业网络化产业生态体系④。

国务院办公厅《关于推进线上线下互动加快商贸流通创新发展转型升级的意见》提出建设供应链协同平台，利用互联网技术

---

① 国务院．关于促进云计算创新发展培育信息产业新业态的意见：国发〔2015〕5号[A/OL].中华人民共和国中央人民政府，2015-01-30.
② 国务院．关于大力发展电子商务加快培育经济新动力的意见：国发〔2015〕24号[A/OL].中华人民共和国中央人民政府，2015-05-07.
③ 国务院．中国制造2025：国发〔2015〕28号[A/OL].中华人民共和国中央人民政府，2015-05-19.
④ 国务院．关于积极推进"互联网＋"行动的指导意见：国发〔2015〕40号[A/OL].中华人民共和国中央人民政府，2015-07-04.

做强传统大宗商品交易市场的交易撮合、商品集散、价格发现和信息交互等传统功能，增强物流配送、质量标准、金融服务、研发设计、展览展示、咨询服务等新型功能，降低采购成本，提高采购效率[①]。

为深化供给侧结构性改革，国务院于2017年11月27日印发了《关于深化"互联网+先进制造业"发展工业互联网的指导意见》[②]，意见指出全球工业互联网正处在产业格局未定的关键期和规模化扩张的窗口期，亟须发挥我国体制优势和市场优势，加强顶层设计、统筹部署，扬长避短、分步实施，努力开创我国工业互联网发展新局面。以此，开启了运用各级政府财政资金支持工业互联网发展的序幕。

2018年，"发展工业互联网平台"被首次写入政府工作报告。同年6月和7月，工信部组织开展制造业与互联网融合发展试点示范工作以及先后印发了《工业互联网 APP 培育工程实施方案（2018—2020年）》[③]，《工业互联网平台建设及推广指南》和《工业互联网平台评价方法》[④]，《工业互联网发展行动计划（2018—

---

① 国务院办公厅.关于推进线上线下互动加快商贸流通创新发展转型升级的意见：国办发〔2015〕72号[A/OL].中华人民共和国中央人民政府，2015-09-29.

② 国务院.关于深化"互联网+先进制造业"发展工业互联网的指导意见[A/OL].中华人民共和国中央人民政府，2017-11-27.

③ 工业和信息化部.关于印发《工业互联网 APP 培育工程实施方案（2018—2020年）》的通知：工信部信软〔2018〕79号[A/OL].中华人民共和国工业和信息化部，2018-05-11.

④ 工业和信息化部.关于印发《工业互联网平台建设及推广指南》和《工业互联网平台评价方法》的通知：工信部信软〔2018〕126号[A/OL].中华人民共和国工业和信息化部，2018-07-19.

2020年)》和《工业互联网专项工作组2018年工作计划》①。

2020年3月20日工信部发布《关于推动工业互联网加快发展的通知》②，提出加快工业互联网等新型基础设施建设，推动工业互联网在更广范围、更深程度、更高水平上融合创新，培植壮大经济发展新动能，支撑实现高质量发展，并鼓励各地结合优势产业，加强工业互联网在装备、能源、矿业等国民经济重点行业的融合创新。

各部委与各地方政府也纷纷出台相关规划、指导意见和工作方案，以政策推动和项目支持为引导，协同推进工业互联网发展。至今推动工业互联网发展的顶层设计、政策体系、组织保障和工作机制初步形成。广东省委省政府提出在工业互联网领域实现率先发展、领先发展，争当全国示范的目标③。在国务院加快发展工业互联网指导意见出台后，广东出台全国首部工业互联网扶持政策《广东省深化"互联网＋先进制造业"发展工业互联网实施方案及配套政策措施》和《广东省支持企业"上云上平台"加快发展工业互联网的若干扶持政策（2018—2020年)》④，针对支持企业"上云上平台"实施数字化网络化智能化升级，促进工业

① 工业和信息化部.关于印发《工业互联网发展行动计划（2018—2020年)》和《工业互联网专项工作组2018年工作计划》的通知：工信部信管函〔2018〕188号[A/OL].中华人民共和国工业和信息化部，2018-06-07.

② 工业和信息化部办公厅.关于推动工业互联网加快发展的通知：工信厅信管〔2020〕8号[A/OL].中华人民共和国工业和信息化部，2020-03-20.

③ 广东省人民政府.关于印发广东省深化"互联网＋先进制造业"发展工业互联网实施方案及配套政策措施的通知：粤府〔2018〕23号[A/OL].广东省人民政府网，2018-03-20.

④ 广东省人民政府.广东省支持企业"上云上平台"加快发展工业互联网的若干扶持政策（2018—2020年）[EB/OL].珠海市工业互联网协会，2018-03-29.

互联网产业生态创新发展，开展工业互联网标杆示范应用推广三个方面，提出了11条扶持政策帮助制造业降本、提质、增效。目标到2020年，推动1万家工业企业运用工业互联网新技术、新模式实施数字化、网络化、智能化升级，带动20万家企业"上云上平台"降低信息化构建成本；到2025年，在全国率先建成具备国际竞争力的工业互联网网络基础设施和产业体系。

在支持企业上云上平台方面，实施普惠性政策，按照"平台降一点、政府补一点、企业出一点"的原则，大幅降低企业"上云上平台"成本。省统一协调公有云平台商、电信运营商，通过公有云平台、电信运营商降费方式，降低企业信息化建设一次性投入成本和网络使用成本30%以上。采取服务券后补助方式加大财政补助力度，由省制定"上云上平台"奖补标准，对企业核心业务系统"上云上平台"、实施数字化网络化智能化升级进行补助。

在打造工业互联网产业生态方面，从技术、服务、创新三方面培育发展供给侧资源，引进和培育优质工业互联网平台商、服务商，提升服务水平和能力。支持工业互联网平台、网络和安全关键共性技术研发；制定统一遴选标准，支持不超过20家重点工业互联网平台建设；建立"广东省工业互联网产业生态供给资源池"，形成省、市、县共建共享、目录动态调整、资源池企业合作共赢的工作机制，首批60家资源池企业已于2017年11月发布，计划到2020年，共培育200家优质服务企业，组织资源池企业与制造业企业的精准对接活动，促成了一批工业互联网、工业云应用；支持地市引进国内外领先的工业互联网创新资源并进行工业互联网创新中心建设，目前引进阿里工业云总部、树根互联总部等一批国内外主要的工业互联网平台和用友、寄云科技等一批知名的工业互联网服务商落户广东，引进中国信息通信研究院在广州牵头建设广东省工业互联网创新中心，初步形成产业创新生态集聚效应。

在支持工业互联网标杆示范应用推广方面，优先选择重点企业、重点行业、重点区域开展工业互联网应用示范，总结示范经验，并分行业予以大力推广。支持企业建设企业级、行业性工业互联网平台标杆，建立利用工业互联网新技术新模式实现内部管理和生产的数字化管控、实现垂直领域行业或产业链企业的数据集成应用的行业标杆。目前支持中兴通信的电子通信设备制造行业大数据服务平台等5个行业大数据平台建设，支持格力、海尔、维尚、欧派等领军企业在智能化生产、网络化协同、个性化定制、服务化转型的33个试点示范以及众陶联陶瓷产业链服务平台等6个公共服务平台建设。支持示范基地建设，省、市、县（区）建立联动机制，提升制造资源共享和产业协同水平，促进基地整体数字化网络化升级，建立区域示范。目前已启动广州、深圳、佛山、东莞4个基地建设，计划到2020年建成10个具有较强带动作用的省级工业互联网产业示范基地，其中1—2个打造成为国家级工业互联网产业示范基地。

二、政策评估

以上政策梳理表明，目前我国各级政府运用互联网工具助力实体经济发展的顶层设计和政策体系已初步形成。从2017年年底开始，多项政策密集出台，以政策组合拳加速推进实体经济与虚拟经济的深度融合。

本部分运用政策评估理论，结合众陶联在成立和发展中获得的政策支持和面临的制度瓶颈，分析当前国家、省和各地级市关于支持众陶联这一类基于互联网的新型产业发展平台的政策的主要特征以及有待完善之处。

（一）政策支持重点已经开始从流通领域向生产制造领域转变，从消费互联网转向工业互联网

互联网对于实体企业是一把双刃剑。互联网可以为实体经济赋能，亦可摧毁之。长期以来，我国实体企业对于互联网技术的应用和创新主要集中在流通领域，这也是过去各级政府对于电子商务企业支持的重点。然而，以淘宝、京东、苏宁为典型代表，它们只是改变了产品或服务的流通方式和购买体验，并没有改变产品或者服务本身，更谈不上产品或者服务升级。更有甚者，以前段时间上热搜的号称"三亿人都在使用"的拼多多为典型代表，虽然从资本角度而言，拼多多在短短不到三年内成功上市创造了一个奇迹，但是这类流通领域的互联网创新对实体经济造成了严重损害，让过剩的、低下的产能获得生存机会，让劣币驱逐良币的问题更加凸显，增加恶性竞争。

中国部分互联网企业已经意识到，长期依赖这种低质低价消费只会增加恶性竞争，互联网企业要利用自身的优势为实体经济赋能，帮助实体经济转型升级，从而带动消费升级。近些年来，阿里提出赋能新零售，京东打造"无界零售"赋能新模式，百度以 AI 赋能，小米更是以"国货精品"为战略，直接杀入制造业，并且取得不错的成绩。但这种流通领域互联网的创新目前更多局限于单个产品，对产业乃至整个经济的转型推动还非常有限，未来产业推动更多地需要工业互联网的创新赋能。

服务实体经济的工业互联网时代已然到来，并得到各级政府的认可。小到定制商品，通过大数据实现精准供给，大到为企业提供全流程运营管理，工业互联网已经成为一种新的基础设施与实体经济深度融合，成为实现制造强国目标的重要抓手。

（二）工业互联网政策着力构建具备国际竞争力的网络基础设施和产业体系，为工业互联网平台的培育和发展提供强有力的支撑

从国家层面的政策目标来看，建设具备国际竞争力的基础设施、推动工业互联网核心技术攻关和产业化是推动工业互联网发展初期阶段的重要抓手。2017 年发布的国务院《关于深化"互联网＋先进制造业"发展工业互联网的指导意见》确定的发展目标为："到 2025 年，基本形成具备国际竞争力的基础设施和产业体系。覆盖各地区、各行业的工业互联网网络基础设施基本建成。工业互联网标识解析体系不断健全并规模化推广。形成 3—5 个达到国际水准的工业互联网平台。产业体系较为健全，掌握关键核

心技术，供给能力显著增强，形成一批具有国际竞争力的龙头企业。"[①] 根据国务院《关于深化"互联网＋先进制造业"发展工业互联网的指导意见》制订的《工业互联网发展行动计划（2018—2020年）》确定未来两年的行动目标为："至2020年底，初步建成适用于工业互联网高可靠、广覆盖、大带宽、可定制的企业外网络基础设施，企业外网络基本具备互联网协议第六版（IPv6）支持能力；初步构建工业互联网标识解析体系，建成5个左右标识解析国家顶级节点，标识注册量超过20亿；初步形成各有侧重、协同集聚发展的工业互联网平台体系，推动30万家以上工业企业上云，培育超过30万个工业APP。"[②]

2018年广东省人民政府印发了《关于印发广东省深化"互联网＋先进制造业"发展工业互联网实施方案及配套政策措施的通知》[③]，落实国家《国务院关于深化"互联网＋先进制造业"发展工业互联网的指导意见》。作为制造业强省，广东省在具体政策举措上，除了通过工业互联网基础设施省级改造行动夯实网络基础以外，更加偏重于工业互联网产业体系中平台体系的建设，强调工业互联网硬件设施和软件技术的创新应用，为打造工业互联网平台提供完善生态体系和安全保障。

① 国务院.关于深化"互联网＋先进制造业"发展工业互联网的指导意见 [A/OL]. 中华人民共和国中央人民政府，2017–11–27.

② 工业和信息化部.关于印发《工业互联网发展行动计划（2018—2020年）》和《工业互联网专项工作组 2018 年工作计划》的通知：工信部信管函〔2018〕188 号 [A/OL]. 中华人民共和国工业和信息化部，2018–06–07.

③ 广东省人民政府.关于印发广东省深化"互联网＋先进制造业"发展工业互联网实施方案及配套政策措施的通知：粤府〔2018〕23 号 [A/OL]. 广东省人民政府网，2018–03–20.

（三）在目前总体政策利好的情况下，培育和发展工业互联网平台的政策在以下几个方面仍有待改善

第一，现有政策主要针对发展较好、具有示范效应的工业互联网平台，对于初创的平台支持力度有待提升。目前各级政府支持工业互联网平台的政策资源向打造行业标杆和产业示范基地倾斜，以示范为牵引，通过典型经验和通用解决方案的推广，加快工业互联网平台的发展。在具体政策举措上，属于"晴天打伞"，"非雪中送炭"。对于工业互联网平台的扶持主要采用"事后奖励"和"事后补贴"的方式，重点扶持相对成熟、具有应用示范效应的平台。工业互联网平台建设的示范固然重要，在示范效应带动下初创工业互联网平台亦急需政策支持跨过生存门槛。对于初创平台的支持不足，不利于典型经验在各区域不同行业的快速复制推广。

第二，现有政策主要支持单个企业，尤其是龙头企业，对于多家企业抱团打造行业级工业互联网平台重视不足。在工业互联网创新和应用方面，现有政策强调提升大型企业工业互联网创新和应用水平以及加快中小企业工业互联网应用普及。在工业互联网平台建设和示范推广方面，国家和广东省工业互联网相关政策提出支持推动龙头企业联合工业互联网平台商和服务商，积极发展企业级平台，推动企业级平台在满足自身数字化、网络化、智能化升级需要的同时向外开放输出能力，逐步形成行业性平台。可见，目前工业互联网政策思路是支持重点企业"单枪匹马"突围而出，形成带动示范效应，缺乏对于多家企业"群策群力"打

造工业互联网平台组织创新的重视。广东产业具有以中小企业为主、产业集聚发展等典型特征，在调动单个企业发展工业互联网积极性的同时，更需要为多个企业抱团建构行业性工业互联网平台提供激励。

第三，我国工业互联网发展仍处于起步阶段，符合我国国情的工业互联网平台的评价体系仍有待完善。以往对于制造业与互联网融合发展的评估主要针对流通领域的电子商务平台，评估的核心指标为入驻平台企业数量、营业收入、平台交易额和企业员工总数等，对应工业电子商务平台的适用性低。为规范和促进我国工业互联网平台发展，支撑开展工业互联网平台评价与遴选，2018年7月国家工信部印发了我国首部《工业互联网平台评价方法》[①]。该评价方法包括平台基础共性能力要求、特定行业平台能力要求、特定领域平台能力要求、特定区域平台能力要求、跨行业跨领域平台能力要求五个部分。该评价方法为评估不同类型平台提供了方向性指引，但仍有待进一步完善。首先，对于特定行业、特定领域、特定区域平台缺乏进一步细分的、具有可操作性的评估指标。其次，缺乏平台功能性分类，例如，供应链管控与服务平台、现代化生产制造与运营管理平台的能力建设重点存在显著差异，前者侧重于采购、物流、生产制造、销售、融资等供应链运营活动的数字化和集成互联，后者侧重于同一企业或者上

---

① 工业和信息化部.关于印发《工业互联网平台建设及推广指南》和《工业互联网平台评价方法》的通知：工信部信软〔2018〕126号 [A/OL]. 中华人民共和国工业和信息化部，2018-07-19.

下游企业之间在工业装备和基础设施、制造过程、生产经营管理等活动的数字化和集成互联，因而评价和遴选指标应明确不同平台能力建设侧重点的体系差别。最后，评估指标缺乏对工业互联网平台发展阶段进行区分，过于重视营业收入额和平台交易额等成效指标而忽略了投入和过程指标，偏重于成效指标适用于成熟的平台却不适用于初创平台。

第四，我国工业互联网政策未能充分体现新时代新经济新动能的特征，对工业互联网赋能传统产业支持不足。我国已进入新时代，解决新时代的新变化、新问题和新矛盾，更好地满足新时代人们日益增长的美好生活需要，促进社会经济持续稳定发展，必须发展新经济，培育新动能。工业互联网与实体经济的深度融合是其中一个重要的新动能。然而，调研发现，现有政策依然采取"挑选赢家"的思维模式，对传统制造业存在误解，将其与高耗能、高污染、低附加值、落后技术等词联系在一起，政策支持力度偏弱。在科技飞速发展的今天，大部分传统产业已积极推进产业转型升级，无论是在生产方式、发展模式和环保节能方面，还是在质量、技术水平与使用价值方面，都不可同日而语。传统产业是国民经济的重要支柱，也是我国参与国际竞争与合作的重要力量。有效运用工业互联网作为传统产业发展的新动能，助力传统产业进一步转型升级，推动新经济发展，亟须纠正过往对于传统产业的偏见。

第五，制造业与工业互联网的深度融合受制于信息互联互通的制度瓶颈。大数据的综合挖掘是解决制造短板的撒手锏。例如，众陶联通过对行业专业数据进行汇总、整理、分析，提高采购效率和质量，重塑专业化采购路径，构建"重货"物流模型，推动最优化标准落地，指导开展企业信用评价，有效把控行业发展的最新趋势和市场风向标，为众陶联平台推进集体行动提供数据依据和方向指引。实地调研发现，工业互联网平台可获得的数据的质和量都不高。一方面，传统企业数据基础相当薄弱，采集的数据质量非常差；另一方面，掌握重要产业发展核心数据的政府部门之间都相互封锁信息，政府数据与业界的互联互通更是难上加难。为充分发挥大数据提升工业互联网绩效的作用，亟须增强企业数据采集意识和能力，打破企业、政府、行业协会/商会等信息互联互通的制度瓶颈。

第六，工业互联网平台的融资难题有待解决。如果信息是产业的神经系统，那么金融则是血液系统。这两个系统都是产业发展的两个重要旋翼。与神经系统发展原地踏步相比，产业系统中的血液系统更是出现了倒退现象，尤其是传统产业。产业金融模式回归传统模式，以严格控制金融风险为上，必须以土地或者产房为抵押，科技贷款基金、知识产权贷款等金融工具创新在银行具体操作时等同于"一张废纸"。工业互联网平台初创和发展过程中面临融资难问题。众陶联成立之初，曾向某非国有商业银行贷款5000万元，由两家资产过百亿元、银行存款超十亿的陶瓷企业无条件做担保，同时平台成立至申请贷款之时其客户在该银行的资金流量最高达7亿元。然而，该贷款在最后被审查委员会以平台成立时间和营收不足为由拒绝放贷。除了银行系统外，政府的制度设置亦趋向保守，难以有效促进工业互联网平台的发展。为深化供给侧结构性改革，深入推进佛山去产能、去库存、去杠杆、降成本、补短板等重点任务取得更大成效，佛山市设立了总规模为5亿元人民币的供给侧改革基金。众陶联成为基金的首个支持对象，支持额度为1亿元，首笔支持为2000万元。基金投资主要为股权投资方式，但实际上以"明股实债"方式执行，即首笔基金必须有担保才可下放。同时，后续的基金支持必须在众陶联实现盈利可以获得。

第七，平台的金融创新探索面临的制度瓶颈亟须突破。在融资难的大环境下，平台金融服务创新能有效控制风险的同时提高企业资金效率。众陶联金融平台成立之初，策划成立产业基金，以控股股东为龙头，为产业提供四大金融服务，通过金融工具创新提高集体行动的效率，但由于金融政策的限制，这些设计都无法实现。例如，众陶联金融平台提供供应链金融信贷资金，通过金融资本实现采购付款标准化，解决采购商和供应商在资金支付周期的矛盾，激励陶瓷企业参与平台的集体采购。与银行相比，众陶联在贷款风险掌控方面更具优势。众陶联是行业抱团成立的产业联盟，众陶联平台决策者都是行业专家，对行业发展和运行真实情况了如指掌。对于企业的还款能力和贷款项目的发展前景，众陶联比银行的评估更加专业和准确。此外，若企业发生违约，如企业面临破产清算，众陶联较银行更能高效转化利用企业资产，降低贷款损失。众陶联希望运用金融风险防控的优势和本行业自身的资本积累，将供应链金融服务拓展到更多领域，助力陶瓷产业发展，却因国家对于金融风险控制日趋严格的制度约束而难以开展。

第三节 政策建议

我国是世界第一制造大国，拥有最全的制造业门类，抓住数字化、网络化、智能化的机遇，掌握新一轮工业革命主导权，亟须完善工业互联网政策，推动我国工业转型升级，实现从制造大国向制造强国的飞跃。基于众陶联案例研究，我们提出两点建议：

一、重视产业组织创新，大力培育发展新型产业组织

众陶联是一种新型的产业组织，是新时代新经济发展的新动力，是实现实体经济与虚拟经济有效融合的新业态，是推动制造业优化产业协同效应、整合产业碎片化资源、提升行业整体盈利水平的新模式。这类新型产业组织作为新生事物，在机构建设模式、服务主攻方向、集体行动路径、管理运作机制等方面有别于传统产业组织，带来发展优势的同时，也因其身份不明确在其发展过程中面临不少制度瓶颈。在现行的政策体系中，即使是工业互联网政策，这类新型产业组织作为工业互联网平台的新生力量亦难以获得足够的支持，面临观念、政策上的制约。

鉴于此，我们建议参考新型研发机构政策的制度创新，以广东作为深化供给侧改革的特区，试行新型产业组织政策，突破现

有的政策瓶颈，为这类新型产业组织发展提供具有针对性的政策支持。根据众陶联的经验总结和相关政策评估，提出以下具体政策建议：

第一，加强组织领导。培育发展新型产业组织是一项创新性和系统性的工作，需各地区相关部门统筹协调、协同联动。目前中国新型产业组织发展还处于初始阶段，政策的支持十分关键。建议政府统筹，行业协会参与协助，各地、各部门形成合力，做好新型产业组织建设和发展的顶层设计和整体布局，确保培育新型产业组织工作顺利开展。

第二，研究出台新型产业组织示范项目政策。针对示范新型产业组织出台专门的先行先试政策，尤其是金融服务和数据共享两大领域。建议支持新型产业组织开展金融服务创新模式探索，依托平台交易数据开展风险可控可量化的金融服务试点，实施闭环金融交易，盘活平台资金，协助中小企业解决融资难题。在数据共享方面，打破政府部门、社会组织之间的信息封锁，为新型产业组织与政府部门、社会组织之间信息互联互通提供便利，促进行业数据信息的高效传输、交互与应用。

第三，加大财政投入。改变"事后奖励"和"事后补贴"的扶持方式，在打造行业标杆的同时亦兼顾初创机构成长的需求，重视先进制造业的同时纠正对传统制造业的偏见。设立新型产业扶持基金，通过新型产业组织平台对行业进行专业化扶持，而不是通过完全与行业脱节的基金公司。优化供给侧改革资源的配置，在电力改革试点、煤改气试点、炭交易试点等优先配套新型产业组织。在现有的人才政策框架下，对新型产业组织的专业人才给予税收、子女入学、住房等政策倾斜，创新人才激励机制，为打造多层次专业化的人才队伍提供政策支持。以项目购买或岗位购买等方式支持新型产业组织开展大数据服务。

第四，强化考核评价，有效运用评价结果。研究制定新型产业组织评估指标体系，体现新时代新经济新动能的特征，为引导和支持新型产业组织发展提供参考。评估指标应依据组织发展阶段、所属产业类别、服务功能等维度进行区分，强化分类指导和支持，避免制度设计"一刀切"。定期对新型产业组织进行考核评价，评估优秀的产业组织给予资格认定，赋予经认定的产业组织在某些产业服务领域"专营"的特权，增强新型产业组织在行业和市场上的影响力和竞争力，助力新型产业组织开展集体行动。

第五，加强宣传引导，营造良好环境。总结新型产业组织建设的好经验好做法，宣传推广各地推动新型产业组织建设的重要举措和政策措施，对可复制、可推广的经验和模式及时总结推广。组织培训活动，提高政府官员、企业、行业商会/协会对新型产业组织的认知和接受程度，为不同行业不同区域培育新型产业组织提供参考借鉴。

二、加强引导支持行业抱团发展

从产业政策支持对象的角度，改变以单个企业为扶持对象的倾向。以细分行业为纽带，加大对多家企业抱团行动及其组织载体的引导和扶持。具体而言，有以下几点：

第一，总结经验，宣传推广。深入总结"众"字系列新型产业组织经验，以及全国各地行业抱团行动的成功经验，以多种渠道和形式宣传推广，提高企业、行业协会/商会对行业抱团行动的认知程度，发挥政府信息传播、引导的作用。

第二，调查研究，把握需求。从需求角度出发，组织调查研究团队，探讨疫情之下开展行业抱团抗疫的必要性、可行性、具体行动路径等，如不同区域、不同产业发展最急需、最可能、最快见效的抱团环节是什么；潜在的有兴趣、有能力承担组织抱团行动重任的企业和社会组织有哪些；它们需要哪些政策支持。

第三，制定战略，出台政策。在调查研究的基础上，补充其他数据、案例、政策，建立数据库，组织由学者、专家、相关从业者组成的支援网络，编制各地推动行业抱团发展、打造新型产业组织的战略，并制订相应的行动计划、明确行动路线和部门职责分工以及出台相关配套支持政策。

附 录

附录一：众陶联发展大事记

2015 年	
2015 年 12 月 15 日	佛山市副市长黄喜忠通过商务局召开六个行业协会会议，蓝源资本推广"产业＋互联网＋金融资本"的产业设计方案，佛山陶瓷行业协会表态愿意作为转型升级的试点。
2016 年	
2016 年 3 月 1 日	佛山市委书记鲁毅宣布众陶联产业平台成立。
2016 年 3 月 1 日	 平台股东合影 （关润淡、廖文剑、何新明、叶德林、周军）

续表

2016年 4月7日	时任广东省委书记胡春华、副省长袁宝成考察众陶联产业平台发展，胡春华书记要求众陶联要建立严格的企业准入和退出机制，确保进入平台的企业高要求、高标准，提高行业形象，提升行业标准。
2016年 5月5日	时任广东省副省长何忠友到众陶联考察，众陶联董事长何新明详细介绍众陶联的发展状况，何副省长对众陶联的发展模式给予充分肯定。
2016年 6月28日	众陶联举办平台合作伙伴签约仪式。众陶联与佛山华夏建筑陶瓷研究中心、景德镇陶瓷大学、佛山市陶瓷研究所检测有限公司、佛山市南海区广工大数控装备协同创新研究所签订战略合作书；并与东鹏集团、新明珠集团、新润成集团、蒙娜丽莎集团、金意陶集团等14家陶瓷企业签订了合作加盟协议。
2016年 7月8日	时任广州市荔湾区政府协作办公室主任黄美娟莅临佛山众陶联参观交流，表示将以众陶联的运作模式以及发展规划为参考，发展改良荔湾区以专业市场为中心的产业互联网平台群，实现助力产业转型升级的目标。
2016年 8月15日	惠州市产业整合政企考察团莅临佛山众陶联考察交流。惠州市金融局副调研员李莉表示，众陶联供应链平台是传统行业转型升级的可持续发展之道，对惠州市打造专业市场供应链平台的构想极具借鉴意义。
2016年 8月30日	众陶联举办"众陶联手·共谋新局"核心业务全面启动大会暨全国招商会。众陶联与简一、鹰牌、新嘉信签订加盟协议；与大鸿制釉、金盛锆钛、东方锆业、矿材网、高铭矿业签订合作协议；与斯灵通、协鑫能效、鹏达信、佛山金控、君和泰、佛山市知识产权协会、广发银行签订战略合作协议。
2016年 9月5日	众陶联山东分站揭牌成立。

2016年 9月17日	佛山陶瓷产业联盟投资有限公司股东会议在众陶联公司召开。
2016年 10月12日	时任佛山市副市长黄喜忠、佛山市商务局局长张开机、副局长王政等领导莅临众陶联考察指导。黄喜忠强调，众陶联的发展并非仅仅是企业的事情，也不仅仅是市商务局的事情，做好众陶联也是市委市政府的大事情，是在坚定不移地探索供给侧结构性改革道路上的重要试验。平台的宏伟目标并非天方夜谭，只要脚踏实地一步一步走，必定能攻坚克难，最终实现联众陶、利益大众的企业梦想。政府将按照众陶联目标，大力扶持众陶联，积极协调各方资源为平台疏通发展道路，协助解决发展问题。
2016年 10月20日	第二届中国（广东）国际"互联网+"博览会，时任广东省省长朱小丹、中国工程院院长周济等各级领导巡视众陶联展位。朱小丹指出："众陶联的成果是新型业态的特征，能够快速成长。众陶联推进的模式有了金融资本的支撑，传统产业就容易转型，我们省就需要你们这样的业态。你们的发展理念是帮助陶瓷企业，同时还抓标准化，这是非常好的，单家独户的企业弄不过来，现在要靠你们了。你们搞活了行业，你们做了一件大好事，祝你们旗开得胜。"朱小丹省长与周济院长为众陶联全球交易平台按下启动键。标志着众陶联交易系统正式运行，众陶联从此走进新的时代。博览会上，众陶联召集了2017年112亿行业原材料订单。

2016年 10月25日	众陶联与广发银行合作首个 B2B 线上交易支付平台正式上线，实现交易闭环，开辟了交易系统的支付渠道。
2016年 11月11日	佛山市委市政府把众陶联作为供给侧结构性改革的先手棋，向省委省政府提交专题研究报告。
2016年 11月3日	佛山市市长朱伟、副市长黄喜忠等领导莅临众陶联参观调研，朱伟市长对众陶联的发展模式表示高度肯定。朱伟强调，供给侧结构性改革是政府经济工作中的主线，目前中小企业面临三大生存风险——成本高、难贷款、需求降，帮助这些企业生存下来最快的方法就是让它们降低成本，通过原材料采购降低成本是最有效途径。众陶联通过市场手段建立企业降低成本的机制，是一个非常好的探索。朱伟表示，众陶联所开展的各项转型升级的任务、各项为企业降低成本的任务和政府的目标是一致的。众陶联做了很多政府想做但又不方便做，或者做不好的工作。所以众陶联的工作也是为政府排忧解难。各级政府都要大力支持众陶联工作的开展，解决发展过程中存在的问题。同时朱伟寄语平台，要继续加强四大平台的建设，增强平台生命力。
2016年 11月10日	慈溪市政府考察团莅临众陶联考察。慈溪市考察团表示，众陶联开辟了一条有效的路径，对其他行业的资源整合极具借鉴作用，慈溪市传统产业也将以众陶联为学习对象，进行资源整合，改善行业的生态环境。
2016年 12月5日	众陶联召开"聚·变2017"第一届供应商大会，200多名供应商代表齐聚一堂，共同谋划2017年新发展。万达业和金盛作为代表上台分享了他们的感想。
2016年 12月22日	广东省经信委发文同意，将众陶联平台上的51家集团企业纳入省售电侧改革试点（具体文件内容见附录二）。

续表

2016年 12月22日	众陶联第一届乐购节隆重举行，召集2017年大订单最终以241.73亿元完美收官。范围涵盖能源、化工、砂坭、包装、五金机电、品牌推广、服务七大类。

2017 年

2017年 1月5日	昆山市科技局副局长朱天舒莅临众陶联参观考察。朱天舒认为，众陶联开创了一个行之有效的发展模式。众陶联的实践可以复制到其他行业，对其他行业整合资源极具借鉴意义。
2017年 1月6日	众陶联在大鸿制釉召开五新供应商沙龙，探讨瓷砖发展新风向和新潮流。众陶联通过推广新技术、新工艺、新材料、新装备、新设计，再造推广新流程，重新设定新型合作关系，推动创新成果转化。
2017年 2月	众陶联获得15项计算机软件著作权登记证书。
2017年 2月12日	《瞭望》杂志尚前名深入众陶联进行专题调研，采访了佛山市朱伟市长，采访了众陶联上下游客户，分析了各项经济指标，并在两会期间推出了专题报道。
2017年 3月7日	广物控股集团董事长、党委书记方启超来访众陶联。他表示，众陶联平台增强了企业之间的黏性，为客户创造了价值，相信众陶联平台会越做越大，越做越好。

2017年 3月10日	时任高明区副区长叶敏坚带领政企考察团莅临众陶联考察,并与众陶联召开座谈会,深入了解众陶联发展的核心路径,探索在高明建立产业平台的可行性。叶敏坚副区长对平台模式给予了肯定和赞赏,认为众陶联是一家视野广阔、思路开阔、胸怀宽广的企业,是高明传统产业学习的对象。他高度评价众陶联并表示,榜样就在身边,希望通过此次的参观学习,高明的产业联盟要以众陶联为榜样,探索建立产业平台的方法,从而提升传统产业竞争力。
2017年 3月23日	众陶联与中远海运集团建立战略合作关系。中远海运集团把众陶联列入集团的核心客户,享受核心客户VIP待遇,为众陶联物料的港口运输提供了保障。
2017年 4月6日	中央电视台《创新强国》纪录片摄制组采访众陶联。项目主任王萍、制片人王克力、总导演杨宝成实地调研众陶联。王萍指出,中共十八届五中全会强调,实现"十三五"时期发展目标,必须牢固树立并切实贯彻创新、协调、绿色、开放、共享的发展理念,她认为,绿色发展是企业发展的导向,也是创新驱动发展战略的重要指标。众陶联是面向传统产业的服务企业,以联盟的方法推动产业升级,绿色发展,通过透明采购为企业降低采购成本,是绿色发展的有效抓手,也是产业转型升级的支点,是落实供给侧结构性改革的真举措。
2017年 4月10日	佛山市顺德区乐从青年企业家协会参观考察众陶联。协会会长庄海涛表示,在细分领域内进行资源整合已是一件难事,而众陶联推进的行业性资源整合更是难上加难。在探索传统产业转型升级路径的过程中,众陶联的探索为广大创业者提供了很好的借鉴。
2017年 4月12日	时任浙江省慈溪市委常委、常务副市长傅贵荣带领政企考察团考察众陶联。傅贵荣认为,众陶联创建了一个成功的商业模式,把政府想做但没做成的事情做成了。结合慈溪当地的传统产业,慈溪将不断推广这种发展模式。
2017年 4月26日	众陶联发布陶瓷物料价格指数。经过近一年的研究,众陶联建立了行业22个价格指数,包含1个陶瓷物料综合指数,5个陶瓷物料品类指数,16个陶瓷物料单品指数,为陶瓷企业提供物料价格判断与预测的依据。

2017年 5月16日	佛山市发展和改革局局长张开机，副局长宋树龙、张海英莅临众陶联考察，指导众陶联各项工作的开展，解决众陶联发展过程中存在的问题。
2017年 5月25日	众陶联获得美术著作权34项电商平台作品登记证书。
2017年 5月25日	高明塑料行业协会考察团考察众陶联，了解平台的运营模式和发展机制，学习平台创办的各项具体事项，为高明塑料行业抱团发展寻找解决方案。
2017年 6月15日	国家工信部信息化和软件服务业司两化融合推进处处长王建伟考察众陶联，了解众陶联线上交易平台搭建的技术路径，指导众陶联大数据研究方向。
2017年 6月22日	广东省建筑装饰材料行业协会、广东省建筑装饰设计协会会长兰芳参观众陶联。协会与众陶联建立了信息互通机制、资源共享机制，为双方战略合作制定了明确的路径。
2017年 7月6日	佛山市委常委、常务副市长蔡家华及相关市区领导考察众陶联。蔡家华副市长表示，传统行业都需要通过创新实现新生，需要通过自我创新去发展。众陶联采用新的模式，让企业抱团出海，探索行业创新发展的新路径，是其他行业可以复制的样板。
2017年 7月25日	由佛山陶瓷协会组织发起、众陶联主导、多家知名陶企及检测机构共同参与编制的两项团体标准（《建筑陶瓷制气用块煤》T/FSCIA0002—2017、《建筑陶瓷用硅酸锆》T/FSCIA0001—2017）同时在国家团体标准网站及佛山市陶瓷行业协会两大平台发布。
2017年 7月27日	佛山市副市长赵海率市区政府相关部门领导深入众陶联调研，指导众陶联开展供应链金融业务。

续表

2017年 7月	中宣部、中央电视台推出大型政务片《将改革进行到底》，众陶联作为供给侧结构性改革的唯一案例入选，时长超过3分钟。 《将改革进行到底》第二集《引领经济发展新常态》_高清
2017年 8月2日	河南省济源市人民政府副秘书长宋高峰、工业和信息化委员会副主任徐杰访问众陶联，为济源当地经济发展的定位提升和工作升级寻求解决路径。宋高峰表示，将认真学习众陶联成功的商业模式，并运用到济源当地产业平台搭建中去，推动当地产业转型升级。
2017年 8月	佛山市委市政府率先设立全国首个供给侧结构性改革基金。基金首批规模为5亿元，用于支持各行各业开展供给侧结构性改革的探索和实践。基金于2017年12月向众陶联投出首笔资金，支持佛山陶瓷行业深入开展供给侧结构性改革的试验。（具体内容见附录三《佛山市人民政府办公室关于印发佛山市供给侧结构性改革基金设立方案的通知》）。
2017年 8月5日	众陶联举办"百家建筑集团·千亿采购联盟"活动。与粤西四市（茂名、湛江、云浮、阳江）建筑商会建立战略联盟，为建筑集团建陶产品采购搭建新通路，寻求双边合作新突破。
2017年 8月10日	云浮市国资委党组书记梁首艳率领考察团访问众陶联，学习借鉴平台搭建的经验和做法。参会领导表示，云浮市石材企业集中度处于松散状态，登记在册仅有300多家，不到总数量的5%。为引导企业从松散走向紧密，推动云浮石材行业的升级发展，云浮成立了石材行业联盟。通过现场学习，借鉴众陶联经验，研究云浮市的产业整合模式，发挥联盟的作用。

2017年 8月16日	佛山市卫计局局长王政带领卫计局领导班子调研众陶联。王政局长认为，众陶联改革的勇气和决心值得大家学习。他认为，众陶联的改革创新不只在一点，而在一面。卫计局可以从众陶联的改革经验中提炼总结，把经验运用到佛山医改政策中去。
2017年 8月29日	众陶联举办"一带一路"设计联盟研讨会，简一陶瓷、葳威、新中源、中盛、金刚、利华、宏宇、金意陶、东鹏、和美、乐华、欧雅、顺成、大鸿制釉、蒙娜丽莎参加了研讨。
2017年 8月31日	禅城区政协副主席贺友生、禅城区人大专职常委李云贵、南庄镇委书记何战、南庄镇人大主席杨劲莲及150多名市区镇人大代表、政协委员走进众陶联调研考察。镇委书记何战表示，众陶联探索了一条让传统产业拥抱互联网，拥抱大数据的有效路径，对推动传统产业转型升级将会发挥重要作用。
2017年 9月7日	广州建筑装饰行业协会组织40家装饰公司莅临众陶联参观考察。广州市建筑装饰行业协会执行会长倪安葵、星艺装饰董事长罗照球、华浔品味装饰集团董事长夏振华、三星装饰设计中心董事长周鸿宁等企业代表参与。广州市建筑装饰行业协会家装委主任余敏指出，众陶联的模式和超前的思维及管理是中国所有行业的一个必然趋势，是家装行业的未来，现在许多家装平台都寻求抱团取暖、资源整合落地的实际方法，而众陶联给家装行业带来了很好的范例。倪会长表示，众陶联是改革的典范，给当前建筑装饰企业的发展指明了方向，同时也是家装行业学习的镜子，家装行业的发展改革可以把众陶联的做法和经验作为向导，学习众陶联的发展思路和发展路径并付诸实践，为整个行业服务。
2017年 9月8日	时任国家发改委体改司试点处处长董文莅临众陶联调研指导工作，寄望平台能升级服务领域，扩大业务规模，从陶瓷行业延伸到泛家居产业，创造更大的成效。
2017年 9月15日	佛山政府颁布"佛10条"，其中第九条措施为推广"众陶联"经验，支持企业抱团发展，作为佛山市降低制造业企业成本，支持实体经济发展的重要举措（具体内容见附录四《佛山市人民政府关于印发佛山市降低制造业企业成本支持实体经济发展若干政策措施的通知》）。
2017年 9月19日	佛山出入境检验检疫局、佛山市商务局主办的"参与'一带一路'建设，佛山泛家居产品走出去技术标准战略推进会"在众陶联交易大厅召开。

续表

2017年 10月12日	第三届中国（广东）国际"互联网+"博览会上，时任广东省副省长袁宝成、工信部信息化和软件服务业司司长谢少锋等各级领导在佛山市委书记鲁毅、佛山市市长朱伟陪同下视察众陶联展位，袁副省长对众陶联提出了期盼，寄语众陶联不单要做佛山的众陶联，更要做中国的、全球的众陶联！
2017年 10月20日	时任佛山市副市长邓建伟，禅城区政府副区长渠铮、刘思朝，南庄镇委副书记叶华等领导莅临众陶联视察。邓副市长指出，15年前中国陶瓷集体遭遇国际反倾销时，只有寥寥几家企业应诉捍卫权益，就是因为没有一个行业平台能把企业聚集起来，帮助他们解决难题。如今众陶联的出现是符合时代发展需求的。从平台的发展看到了一个希望，一个产业如果能形成自己的联盟，实现自我管理，自我发展，将有助于产业的兴旺发展。
2017年 10月24日	南海区里水镇经促局常务副局长梁敬华、汇泰龙董事长陈鸿填带领考察团访问众陶联。梁副局长表示，众陶联迄今取得的成绩为其他传统产业树立了良好的榜样，里水企业将借鉴平台的发展经验，引导智能家居产业平台的建设。
2017年 10月25日	禅城区政协副主席杨中慧带领禅城区政协委员莅临众陶联调研。委员们对众陶联通过全新的采购模式降低采购成本所取得的良好成效给予高度的评价。
2017年 10月28日	中国五矿化工进出口商会会长陈峰在佛山市商务局副局长黄铁的陪同下考察众陶联。陈会长对众陶联所做的工作大为感叹。他认为众陶联成立仅一年多，由于有创新的思维，有团队的情怀，针对行业存在的问题开展工作，做了很多具有行业价值的事，很多工作思考已经和国家层面的思考相一致。
2017年 11月	由佛山陶瓷协会组织发起，众陶联主导、多家知名陶企及检测机构共同参与编制的第二批4项团体标准（《建筑卫生陶瓷用耐磨氧化铝球》T/FSCIA0003—2017、《建筑卫生陶瓷包装纸箱用瓦楞纸板》T/FSCIA0004—2017、《建筑卫生陶瓷用羧甲基纤维素钠》T/FSCIA0005—2017、《建筑卫生陶瓷用氧化铝》T/FSCIA0006—2017）在国家团体标准网站及佛山市陶瓷行业协会两大平台同时发布。

2017年 11月3日	江西省九江市统战部常务副部长蔡卫宁莅临众陶联考察，详细了解众陶联平台的商业模式和运营特点。他表示，九江市政府正计划整合优化当地产业链，引导当地药材、装饰行业抱团联合，融合互联网技术，实现转型升级，焕发传统产业的活力。他认为，众陶联做出了很多成绩，其模式是可复制的，为传统产业转型升级探索出一条新的路径。
2017年 11月13日	在佛山市副市长郑大光的陪同下，唐山市副市长梁振江访问众陶联。梁副市长对众陶联给予高度的评价，他认为，面对陶瓷产业不断加码的环保压力和供过于求的发展现状，众陶联让众多陶瓷企业在困境中找到了生存的希望，既帮助企业降低了成本，又提高了销量，在行业遇到困难的时候，提供了很好的解决方法。
2017年 11月14日	国家发展改革委市场与价格研究所调研组深入众陶联调查研究。研究所副所长刘强、广东省发改委价格综合与收费处副处长钟小强、佛山市发展和改革局副局长周和平等领导参加了调研。调查组就众陶联为行业降低采购成本，推动行业节能减排两个维度做了深度了解。调研组充分肯定众陶联降本增效取得的成果，高度认可众陶联标准化制定工作，认可建立行业大数据，认可平台推广的环保技术，认可搭建的海外商贸平台。调研组认为，众陶联将传统陶瓷产业与互联网深度融合，其抱团发展经验和供给侧结构性改革路径能为全国多个传统行业提供借鉴。
2017年 11月15日	威海市中小企业局副局长毕明秋带领威海市钓具行业协会考察团访问众陶联。毕明秋副局长表示，通过考察学习，推动威海钓具行业抱团发展。
2017年 11月26日	河北高邑县副县长杨海清率政企考察团访问众陶联，了解佛山陶瓷产业发展趋势和经营管理经验，探讨高邑县陶瓷产业加盟众陶联的合作路径。

2017年 11月28日	在佛山市委宣传部副部长黎才远的陪同下，中央电视台财经频道副总监陈永庆率调研组莅临众陶联参观调研，进一步总结众陶联经验，推动众陶联模式在全国推广。
2017年 11月29日	广东省发改委副主任吴维保在佛山市发改局局长张开机的陪同下莅临众陶联考察。吴副主任对众陶联的供应链服务的各项举措表示赞赏，对众陶联开展多元化运营表示认同。
2017年 12月4日	中国陶瓷工业协会副理事长浦永祥带领中国皮革协会理事长李玉中莅临众陶联参观，理事长李玉中认为，众陶联平台做了两件事，一是化零为整，整合了多方资源，实现行业的抱团发展；二是化无形为有形，填补了行业物料标准的空白，建立了公开透明的交易机制。这种发展模式，值得皮革行业学习。
2017年 12月5日	肇庆市政府调研组莅临众陶联展开专题调研，了解产业互联网平台的运行模式和发展经验。调研组认为，众陶联定位准确，思路创新，措施有力。调研组希望众陶联能进入肇庆地区，将平台资源成果与肇庆当地企业需求结合起来，优势互补，紧密合作，实现两地产业的共同发展。
2017年 12月8日	"一带一路"中阿国际产能合作交流会暨产能合作战略协议签约仪式在众陶联举行。佛山市商务局与阿曼工业部、阿联酋经济部、卡塔尔皇家商会签订产能合作战略协议，众陶联与广发银行、中润、中信保签订金融合作协议，众陶联与神州长城签订战略合作协议，共同开拓中东市场。
2017年 12月13日	众陶联荣登中国产业互联网联盟发起的2017年中国产业互联网TOP30排行榜。
2017年 12月19日	佛山市陶瓷行业协会与众陶联联合举办节能减排新技术环保推介会，共同推进陶瓷行业的绿色发展。

2017年 12月29日	众陶联2018乐购节大订单新闻发布会在交易大厅举行。2018年大订单最终以338亿圆满收官。

2018 年

2018年 1月4日	沧州市工业和信息化局副局长高玲玲带领政企调研团访问众陶联，调研团表示，众陶联的运作实践让我们很震撼。沧州市政府将借鉴众陶联经验，探索沧州传统产业搭建产业平台的新路径。
2018年 1月8日	山东省临沂市兰山区政府考察团莅临众陶联参观考察。考察团对众陶联发展模式、标准化工作和大胆创新意识给予高度评价。考察团表示，将借鉴陶联的先进经验、先进做法和先进理念，探索在新形势下发展兰山区经济的新思路和新方法。
2018年 1月12日	国家发展改革委经济体制与管理研究所莅临众陶联调研，研究室副主任胡杰表示，佛山市推动建立产业平台，方法对，路子新，效果好，是传统产业实现转型升级的重要举措，对全国都有借鉴作用。
2018年 1月17日	工业和信息化部原副部长、中国信息化百人会学术委员会主席杨学山教授莅临众陶联指导工作，对众陶联的大数据工作和大数据应用表示赞赏。他认为，一个行业的发展需要行业协会，而平台的搭建既发挥了行业协会的作用，又填补了协会服务企业职能的短板。
2018年 1月17日	众陶联应邀出席2018中国佛山信息化和工业化融合促进大会。众陶联总经理蔡初阳参与高峰对话，探讨制造业的转型之道。

2018年 3月2日	广东省副省长陈良贤莅临众陶联指导工作,对平台未来的发展提出了宝贵意见。
2018年 3月14日	河南省商务厅驻深圳办事处主任吕同航带领团队到众陶联实地考察。
2018年 3月16日	阳江市经济和信息局带领企业代表访问众陶联,访问人员表示,众陶联抓住了行业痛点,利用抱团发展、资源整合,形成了独特的发展思路,对于阳江当地产业升级具有借鉴意义。
2018年 3月16日	湛江市中小企业局局长陈坚、廉江市人民政府副市长张子石带队莅临众陶联考察调研。考察领导表示,众陶联的建设经验为湛江、廉江两地的产业升级提供了一个清晰的发展思路,为两地搭建产业平台提供了解决方案。
2018年 3月19日	广东省人民政府出台《进一步推动落实"实体经济十条"政策工作方案》,众陶联降本模式成为"粤十条"的重要举措,在全省推广。 (三)吸收借鉴地市先行先试做法并加以总结完善推广,更有力促进制造业降本增效 总结推广支持行业供应链平台发展的措施。吸收借鉴佛山"众陶联"、东莞"众家联"等成功模式,研究完善支持发展行业供应链集成服务平台的措施并加以推广,通过支持制造企业团购原材料、零部件和工展团体融资,降低制造业企业原材料采购和融资成本(省经济和信息化委牵头省发展改革委、商务厅、金融办负责)。
2018年 3月26日	淄博市桓台县委书记贾刚带领考察团莅临众陶联调研,贾书记表示,桓台县当地有丰富的企业资源,正需要众陶联这样的产业平台对其进行整合,助力当地传统产业转型升级。
2018年 3月27日	禅城区社保局党组书记、局长曾雄锋,副局长陈智海与区委组织部选派的第一书记曾亚辉莅临众陶联指导党建工作。
2018年 3月28日	众陶联召开专家座谈会,共同探讨创新与产业发展路径,探讨陶业十大攻关项目。会上,众陶联向新聘任的15位专家颁发聘书,进一步扩大专家库规模。至此,众陶联聘请的行业专家已达37人。
2018年 3月29日	国家商务部市场建设司市场建设处查金祥处长考察众陶联,指导众陶联开展供应链创新与应用。

2018年 3月29日	湛江市委书记郑人豪，市委副书记、市长姜建军带领湛江党政领导考察团在佛山市委书记鲁毅的陪同下，莅临众陶联考察。鲁书记在欢迎仪式上介绍：众陶联是率先成立的行业联盟，与佛山产业结构和产业特点密不可分。众陶联通过制定行业标准、统一采购，使得企业的原材料成本降低了、包装成本降低了、融资成本降低了，有效地降低了企业的综合成本。湛江考察团对佛山市委市政府推动产业升级表示高度赞赏，对众陶联的发展模式表示非常认同，对双方合作前景表示充满期盼。
2018年 4月3日	海尔副总裁任贤存莅临众陶联考察，探索众陶联与海尔建立战略合作的可能性，探索双方在北方建立供应链服务平台的可能性。
2018年 4月9日	国家发改委下达国家服务业发展引导项目书，众陶联成为新型服务业发展引导试验项目实施责任单位。
2018年 4月9日	西安市灞桥区委常委、常务副区长黄可率队考察众陶联。黄常委表示，灞桥区当地产业也在积极进行转型探索，为当地产业注入新动能新活力，众陶联发展模式为灞桥区当地产业发展提供了方向和路径。
2018年 4月11日	湖北省当阳市政府考察团访问众陶联，考察团对众陶联所取得的工作成效表示赞赏和钦佩，认为众陶联发展经验对当阳优化当地陶瓷产业具有借鉴意义。考察团表示，通过实地调研，对新形势下产业链整合创新发展的商业模式和互联网平台有了更深刻的认识，对于当阳陶瓷产业的优化发展具有启发意义。
2018年 4月12日	惠州市龙门县发展和改革局局长黄立晓率调研团莅临众陶联考察。
2018年 4月12日	山东省潍坊市政协主席李静波带领考察团实地考察众陶联。考察团认为，众陶联的各项工作紧密围绕陶瓷产业转型升级的发展方向，多措并举扎实推进项目建设值得潍坊市学习。
2018年 4月13日	国家发展改革委规划司调研组考察众陶联，调研组充分肯定了平台为企业带来的降本增效的重大意义。
2018年 4月17日	广东省商务厅和广东省现代物流研究院组成专家调研组莅临众陶联开展专项调研。

2018年4月19日	高安市副市长况学成率高安政府考察团访问众陶联。
2018年4月20日	浙江企业东兆长泰集团董事长郭向东访问众陶联。
2018年4月25日	内蒙古自治区粮食局局长张天喜带领内蒙古政企考察团莅临众陶联参观交流。考察人员认为，众陶联帮助陶瓷企业真金白银降成本，切实减轻企业经营负担，着力夯实企业经济可持续发展，这些都是值得借鉴的宝贵经验。
2018年5月	众陶联与众衣联签订软件技术服务协议，为产业互联网平台提供技术输出。
2018年5月11日	国家商务部召开全国供应链创新与应用工作会议，众陶联作为唯一一家企业为全国介绍众陶联如何推动陶瓷行业转型升级的经验。
2018年5月28日	中国纺织工业联合会副会长、流通分会会长夏令敏带领纺织工业联合会、广东省服装服饰行业协会，在均安镇政府领导、众衣联的陪同下莅临众陶联参观交流。
2018年5月30日	广东省装饰行业协会秘书长郭爽及企业家莅临众陶联参观考察。
2018年6月13日	国家商务部电子商务司副司长刘德成莅临众陶联指导工作。刘副司长从创新引领、平台支撑、产业融合、生态体系、治理体系构、数据共享六方面对众陶联的工作进行指导。
2018年6月15日	重庆市北碚区政协副主席袁宏莅临众陶联考察。
2018年6月21日	广西桂林工商联蒋海燕副主席、桂林电子科技大学信息科技学院严宗光教授莅临众陶联实地考察，严教授表示行业正需要这种为企业与供应商直接建立沟通渠道的枢纽平台。
2018年6月24日	澳门群力智库中心顾问姜正宇、团长叶兆佳、副团长何润生在区外事侨务局局长潘惠冰的陪同下考察众陶联。

续表

2018年 6月25日	佛山市法制局副局长刘祖辉、佛山仲裁委员会金融仲裁院主任董晓娟莅临众陶联参观调研。
2018年 6月28日	江苏省睢宁县沙集镇党委书记杨帆莅临众陶联调研，杨书记指出，要学习众陶联的抱团理念，推动沙集镇产业升级。
2018年 6月29日	广东省社会科学副院长赵细康等专家莅临众陶联实地调研。
2018年 7月3日	陈村不锈钢行业协会秘书长何少凡莅临众陶联参观考察，为不锈钢行业建立平台展开学习调研。
2018年 7月10日	江门市经信局副局长莫兆汉、江门市政协常委杨少景莅临众陶联参观调研。莫副局长表示，学习众陶联成功的商业模式，运用到当地传统行业的转型探索，促成当地传统行业转型升级。
2018年 7月10日	国家发展和改革委员会产业所黄汉权所长莅临众陶联开展调研，调研团队表示，学习众陶联成功的商业模式，促成国家制造业行业实现转型升级。
2018年 7月20日	淄博市委书记、市人大常委会主任周连华率淄博党政考察团莅临众陶联考察，周书记希望众陶联建立淄博分机构，助力当地建陶产业转型升级。
2018年 7月26日	南商营标杆企业商务考察（第二期）——众陶联专场开场。

2018年 8月1日	淄博市委常委、副市长杨洪涛莅临众陶联展开调研，落实淄博市委书记周连华关于开展两地合作的重要指示，进一步寻求众陶联落户淄博的工作方案。
2018年 8月13日	淄博市委副书记、张店区委书记马晓磊率党政考察团访问众陶联，马书记分析："众陶联本身是个企业，经营了两年，是赚钱的，在服务其他企业的前提下，人家还赚钱，这就给到大家一个启发：我们的小企业怎么抱团，就是要做单个企业做不到的事情；我们政府应该做什么，就是要做企业做不到的事情，都要做服务，服务是可以产生价值的！"
2018年 8月23日	吉林工信厅副厅长张毅带领考察团访问众陶联，为吉林省硅藻泥行业抱团升级寻找发展新路径。
2018年 8月25日	淄川区市委书记李新胜、区长闫桂新率队实地调研众陶联。
2018年 9月3日	东莞市经信局副局长郑文志率考察团访问众陶联，郑局长认为，众陶联模式大胆新颖，精准定位企业的瓶颈和痛点，值得东莞的企业和平台学习借鉴。
2018年 9月3日	受西班牙王国穆尔西亚自治区政府指派，INFO商务团成员访问众陶联。商务团认为，穆尔西亚当地也有一个大理石资源整合平台，众陶联在原材物料板块的资源整合、大数据集采模式十分值得他们学习借鉴，认为两地在石材、建材、科技研发方面有巨大的合作空间。

2018年 9月5日	众陶联平台成立山东子公司——淄博众陶联供应链管理服务有限公司。
2018年 9月21日	众陶联和TCL、阿里巴巴、京东等企业被国家七大部委认定为供应链创新与应用链创新与试点单位（具体内容见附录五《商务部等8部门关于公布全国供应链创新与应用试点城市和试点企业名单的通知》）。
2018年 9月29日	中国致公党调研组莅临众陶联实地考察。
2018年 10月10日	众陶联应邀参加广东省工业电子商务峰会暨第三届广东生产服务周活动启动仪式。众陶联总经理蔡初阳在会上分享"众陶联——陶瓷产业互联网平台"的经验做法，得到陈良贤副省长及与会人员的肯定。

2018年 10月17日	国家商务部、工信部、生态环境部、农业农村部、人民银行、市场监管总局、保监会、物流与采购联合会八部门在上海召开全国供应链创新与应用试点工作会议，众陶联总裁蔡初阳在大会上向与会代表分享了众陶两年半时间在供应链创新方面的心得体会，得到了与会人员热烈的响应。 众陶联汇报成果
2018年 10月24日	众陶联参加第四届中国（广东）国际"互联网＋"博览会。国家工信部信息化和软件服务业司司长谢少锋、中国工程院院长周济莅临众陶联展位指导工作。
2018年 10月31日	佛山市人大常委会副主任黄坚带领部分全国人大代表莅临众陶联调研考察。
2018年 11月9日	陕西省延安市黄陵县委副书记、县长高勇率考察团访问众陶联，为黄陵县建陶行业抱团升级探索新路径。
2018年 11月21日	山东胶州市科技和工业信息化局副局长尹成坤带领考察团访问众陶联，参与考察的有胶州市钢结构协会、胶州市电站设备协会、胶州市企业投融资促进协会，正在筹建中的青岛市智能家居产业联盟。考察团认为众陶联目前的运行模式是传统行业转型升级路径的探索模范，值得胶州市各行业学习借鉴。

续表

2018年 11月23日	众陶联荣登中力产业新中国2018中国商业创新发展峰会"产业英雄榜"。
2018年 12月18日	众陶联成为2018年度国家级服务业标准化试点项目实施单位。具体内容见附录六《国家标准化管理委员会关于下达2018年度国家级服务业标准化试点项目的通知》
2019 年	
2019年 1月11日	佛山众陶联供应链服务有限公司工会成立。
2019年 3月	众陶联企业文化正式颁布。（2020封面＋目录）

续表

2019年 3月29日	众陶联召开2019年专家座谈会，聚焦研讨行业数据化改造专题。
2019年 4月19日	国家商务部电子商务和信息化司召开先进制造业和现代服务业融合发展企业座谈会，众陶联常务副总经理李重光受邀参会。
2019年 4月15日	众陶联正式启动国家级服务业标准化试点项目。
2019年 10月17日	众陶联参展第五届中国（广东）国际"互联网+"博览会，并举行建陶行业智慧智造闭门高峰论坛，宣告智慧智造研究院正式成立，发布《建筑陶瓷行业智能制造白皮书》。展会期间，佛山市市长朱伟莅临众陶联展位指导工作，并期许："众陶联要从交易平台向供应链服务平台+智慧制造研究智库转型。" 佛山市市长朱伟参观众陶联展位建陶行业智慧智造高峰论坛

续表

2019年 12月3日	全国电子商务工作会议在西安召开，众陶联作为企业代表参会并做经验介绍。众陶联作为唯一传统产业垂直电商平台介绍的模式探索，得到了与会人员一致好评，商务部电子商务和信息化司骞芳莉司长在会上提道："众陶联推动线下传统产业向数字化转型，线上开展数字化创新，打造了中国最大的陶瓷产业供应链的整合服务平台，这一做法值得学习推广。" <div align="center">众陶联专家委员会秘书长白梅做经验介绍</div>
2019年 12月24日	众陶联成为国家商务部公布的全国首批线上线下融合发展数字商务企业之一。（具体可见附录七文件《商务部办公厅关于确认首批线上线下融合发展数字商务企业的通知》）。 <div align="center">众陶联成为线上线下融合发展数字商务企业</div>
<td colspan="1" align="center">**2020 年**</td>	
2020年 1月16日	众陶联入选2019佛山十大互联网党建先锋。

续表

2020年 1月16日	 众陶联党建模式佛山十大互联网党建先锋授予仪式
2020年 4月10日	众陶联与怡亚通签订战略合作协议,实现双方信息互通、客户互通、资源互通、数据互通、金融互通、技术共享。
2020年 4月17日	众陶联抱团发展抗击疫情经验得到广东省委三位常委批示,在全省推广。
2020年 5月13日	众陶联成为国家数字化转型伙伴行动成员。(名单截图)
2020年 5月13日	**三、行业龙头企业、平台企业及服务商** 阿里巴巴(中国)有限公司、北京百度网讯科技有限公司、北京东方国信科技股份有限公司、北京国联视讯信息技术股份有限公司、北京和德宇航技术有限公司、北京京东世纪贸易有限公司、北京旷视科技有限公司、北京三快在线科技有限公司(美团点评)、北京五八信息技术有限公司、北京小桔科技有限公司(滴滴出行)、北京亿商联动国际电子商务股份有限公司(亿邦动力)、贝壳找房(北京)科技有限公司、重庆猪八戒网络科技有限公司、重庆长安汽车股份有限公司、大禹节水集团股份有限公司、多点生活(中国)网络科技有限公司、**佛山众陶联供应链服务有限公司**、福建星网锐捷通讯股份有限公司、福州物联网开放实验室有限公司、富士康工业互联网股份有限公司、广东卓志跨境电商供应链服务有限公司、国家电网有限公司、海尔卡奥斯物联生态科技有限公司、杭州海康威视数字技术股份有限公司、河钢集团有限公司、华为技术有限公司、集商网络科技(上海)有限公司、嘉奕数控科技股份有限公司、江苏徐工信息技术股份有限公司、金蝶软件(中国)有限公司、科大讯飞股份有限公司、浪潮集团有限公司、联想(北京)有限公司、龙芯中科技术有限公司、南威软件股份有限公司、奇安信科技集团股份有限公司、清远天安智谷有限公司、日海智能科技股份有限公司、上海钢联电子商务股份有限公司、深圳市腾讯计算机系统有限公司、石家庄常山北明科技股份有限公司、曙光信息产业股份有限公司、树根互联技术有限公司、四川长虹电子控股集团有限公司、苏宁控股集团有限公司、同程网络科技股份有限公司、西人马联合测控(泉州)科技有限公司、小米科技有限责任公司、新希望集团有限公司、用友网络科技股份有限公司、浙江吉利控股集团有限公司、中国电力建设集团有限公司、中国电信集团有限公司、中国电子科技集团有限公司、中国航天科工集团有限公司、中国金融电子化公司、中国石油化工集团有限公司、中国石油天然气集团有限公司、中国移动通信集团有限公司、中海油科技(福建)集团有限公司、中兴通讯股份有限公司、猪八戒股份有限公司(按首字母排序)

续表

2020年 5月22日	林周众陶联在林周县政府礼堂举办新经济座谈会，众陶联联盟区块链正式启动，众陶联物流平台正式运行，众陶联产业集群正式落地，众陶联与拉萨农行签订战略合作协议。
2020年 6月11日	众陶联荣获"2020中国供应链金融——优秀供应链平台"称号。
2020年 6月17日	共青城众陶联新经济发展座谈会在共青城众陶联体验馆召开。

　　注：大事记根据众陶联提供的内部资料以及众陶联官网发布的众陶联资讯整理而成。

附录二：广东省经济和信息化委关于同意将佛山
"众陶联"平台51家集团企业纳入省售电侧改革试点的复函

广东省经济和信息化委员会

粤经信电力函〔2016〕317号

广东省经济和信息化委关于同意
将佛山"众陶联"平台51家集团企业
纳入省售电侧改革试点的复函

佛山市人民政府：

你市《关于将"众陶联"平台纳入省售电侧改革试点的请示》收悉。经省人民政府同意，函复如下：

一、拟将你上报的"众陶联"平台所属51家集团企业（共71家企业，2015年用电量共38.1亿千瓦时）纳入电力集中采购试点。

二、按照广东省售电侧改革试点工作方案等有关文件要求，你市上报的"众陶联"平台所属51家集团企业，符合国家和省产业政策和环保要求、产品能耗优于全省平均水平的，在完成广东电力市场用户准入资格审核并注册后，可开展电力直购业务。基于国家能源局对电力市场规范准入的相关要求，"众陶联"平台后续新增的用户，暂不纳入集中采购试点。

广东省经济和信息化委
2016年12月22日

（联系人：潘浩，电话：020-83133252）

附录三：佛山市人民政府办公室关于印发佛山市供给侧结构性改革基金设立方案的通知

佛山市人民政府办公室

依申请公开　　　　　　　　　　　　佛府办函〔2017〕528 号

佛山市人民政府办公室关于印发佛山市供给侧
结构性改革基金设立方案的通知

各区人民政府，市政府有关部门、直属有关机构：

　　《佛山市供给侧结构性改革基金设立方案》业经市人民政府同意，现印发给你们，请遵照执行。执行中遇到的问题，请径向市发展改革局反映。

佛山市人民政府办公室

2017 年 8 月 10 日

附录四：佛山市人民政府关于印发佛山市降低制造业企业
成本支持实体经济发展若干政策措施的通知

佛 山 市 人 民 政 府

| 主动公开 | 佛府函〔2017〕144 号 |

佛山市人民政府
关于印发佛山市降低制造业企业
成本支持实体经济发展若干政策措施的通知

各区人民政府，市政府各部门、直属各机构：

　　现将《佛山市降低制造业企业成本支持实体经济发展若干政策措施》印发给你们，请遵照执行。实施过程中遇到的问题，请径向市经济和信息化局反映（联系电话：8398 0141）。

佛山市人民政府
2017 年 9 月 15 日

附录五：商务部等8部门关于公布全国供应链创新与应用
试点城市和试点企业名单的通知

中 华 人 民 共 和 国 商 务 部
中 华 人 民 共 和 国 工 业 和 信 息 化 部
中 华 人 民 共 和 国 生 态 环 境 部
中 华 人 民 共 和 国 农 业 农 村 部
中 国 人 民 银 行
国 家 市 场 监 督 管 理 总 局
中 国 银 行 保 险 监 督 管 理 委 员 会
中 国 物 流 与 采 购 联 合 会

商建函〔2018〕654 号

商务部等 8 部门关于公布全国供应链创新与
应用试点城市和试点企业名单的通知

各省、自治区、直辖市、计划单列市及新疆生产建设兵团商务、工业和信息化、生态环境、农业农村、市场监管部门，中国人民银行各分行、营业管理部、各省会（首府）中心支行，银保监会各派出机构，中国物流与采购联合会各分支机构：

2018 年 4 月，商务部、工业和信息化部、生态环境部、农业农村部、人民银行、市场监管总局、银保监会、中国物流与采购联合会联合印发《商务部等 8 部门关于开展供应链创新与应用试点的通知》（商建函〔2018〕142 号），决定在全国范围内开展供应链创新与

附录六：国家标准化管理委员会关于下达2018年度国家
级服务业标准化试点项目的通知

国家标准化管理委员会文件

国标委发〔2018〕78号

国家标准化管理委员会关于下达2018年度
国家级服务业标准化试点项目的通知

各省、自治区、直辖市及新疆生产建设兵团市场监管局（厅、委）：

为深入推进服务业标准化试点工作，经各地推荐和专家审查，国家标准化管理委员会确定了2018年度国家级服务业标准化试点项目计划160项（见附件）。现下达给你们，并就有关事项通知如下：

一、试点项目计划执行时间原则为2年，自2018年12月至2020年12月。

二、请各有关单位按照《服务业标准化试点实施细则》（国标委服务联〔2009〕47号）和《国家标准委办公室关于进一步加强国家级服务业标准化试点管理工作的通知》（标委办服务〔2015〕193号）等规定，加强组织协调、试点建设、中期评估和经验总结，推动服务业标准化试点工作取得实效。

— 1 —

附录七：商务部办公厅关于确认首批线上线下融合发展数字商务企业的通知

中华人民共和国商务部办公厅

商办电函〔2019〕406号

商务部办公厅关于确认首批线上线下
融合发展数字商务企业的通知

各省、自治区、直辖市、计划单列市及新疆生产建设兵团商务主管部门：

为认真落实党中央、国务院关于发展数字经济的重要部署，加快推动商务领域企业数字化转型，促进新旧动能转换、资源优化配置、质量效率提升，2019年商务部开展了数字商务企业培育和遴选工作，经各地推荐和专家评审，决定确认北京京东世纪贸易有限公司等60家企业为首批线上线下融合发展数字商务企业。

各地要高度重视数字商务的发展，按照《数字商务企业发展指引（试行）》，积极开展数字商务企业的培育和推广工作，鼓励和引导企业应用先进信息技术创新发展，加快数据赋能，引领市场主体向数字化、网络化、智能化发展，推动商务高质量发展。

各地在培育数字商务企业过程中的经验和做法，请及时向我部（电子商务司）反馈。我部将适时组织开展下一批数字商务企业遴选工作。

二十一、湖南

1. 安克创新科技股份有限公司

2. 御家汇股份有限公司

3. 湖南兴盛优选电子商务有限公司

二十二、广东

1. 佛山众陶联供应链服务有限公司

2. 广州市两棵树网络科技有限公司

3. 东莞市盟大塑化科技有限公司

二十三、深圳

1. 深圳市彬讯科技有限公司

2. 深圳市搜了网络科技股份有限公司

3. 深圳报业集团电子商务有限公司

二十四、海南

海南航冠电子科技有限公司

二十五、重庆

猪八戒股份有限公司

二十六、四川

1. 壹玖壹玖酒类平台科技股份有限公司

2. 成都积微物联电子商务有限公司

二十七、贵州

贵州电子商务云运营有限责任公司

参考文献

[1] GAWER A, EVANS P C. The Rise of the Platform Enterprise: A Global Survey[R].The Center for Global Enterprise, 2016.

[2] HANSEN R, SIA S K. Hummel's Digital Transformation Toward Omnichannel Retailing: Key Lessons Learned[J]. MIS Quarterly Executive, 2015, 14（2）: 51-66.

[3] KINGSBURY A, HAYTER R. Business Associations and Local Development: The Okanagan Wine Industry's Response to NAFTA[J]. Geoforum, 2006, 37（4）: 596-609.

[4] KENNEY M, ZYSMAN J. The Rise of the Platform Economy[J]. Issues in Science and Technology, 2016, 32（3）: 61-69.

[5] HWWLETT M, RAMESH M. Studying Public Policy: Policy Cycles and Policy Subsystem[M]. Oxford: Oxford University Press, 1995.

[6] SRNICEK N. Platfrom Capitalism[M]. Cambridge,UK: Polity Press, 2017.

[7] OLSON M. The Logic of Collective Action: Public Goods and the Theory of Groups[M]. Cambridge,MA: Harvard University Press,

1965.

　[8] WEICK K E. The Generative Properties of Richness[J]. Academy of Management Journal，2007（1）：14–19.

　[9] 经济合作与发展组织，欧盟统计署 . 奥斯陆手册：创新数据的采集和解释指南 [M]. 北京：科学技术文献出版社，2011.

　[10] 谢德荪 . 重新定义创新 [M]. 北京：中信出版社，2016.

　[11] 陈潭 . 集体行动的困境：理论阐释与实证分析——非合作博弈下的公共管理危机及其克服 [J]. 中国软科学，2003（9）：139-144.

　[12] 杜传忠，王飞 . 产业革命与产业组织变革——兼论新产业革命条件下的产业组织创新 [J]. 天津社会科学，2015（2）：90-95.

　[13] 冯建华，周林刚 . 西方集体行动理论的四种取向 [J]. 国外社会科学，2008（4）：48-53.

　[14] 何雄浪，李国平，杨继瑞 . 我国产业集聚原因的探讨——基于区域效应、集聚效应、空间成本的新视角 [J]. 南开经济研究，2007（6）：45-60.

　[15] 黄少卿，余晖 . 民间商会的集体行动机制——对温州烟具协会应对欧盟打火机反倾销诉讼的案例分析 [J]. 经济社会体制比较，2005（4）：66-73.

　[16] 刘能 . 当代中国群体性集体行动的几点理论思考——建立在经验案例之上的观察 [J]. 开放时代，2008（3）：110-123.

　[17] 林琼慧 . 反倾销应诉"集体行动困境"的破解之路——以温州行业协会为例 [J]. 上海经济研究，2008（3）：26-31.

　[18] 丘晴，丘海雄 . 珠三角创新的比较优势分析——基于制度嵌入性的视角 [J]. 南方经济，2016（3）：103-116.

[19] 宋妍，朱宪辰，刘琦．异质性与行业反倾销应诉的集体行动 [J].管理现代化，2007，151（3）：11-13.

[20] 王玉珍．行业租金、行业协会与行业自我治理 [J].经济学家，2007（2）：102-109.

[21] 王青云，邵晓秋．合作经济组织提供农村公共产品：理论、实践和启示 [J].湖南社会科学，2009（3）：117-119.

[22] 肖云，陈涛，朱治菊．农民专业合作社成员"搭便车"现象探究——基于公共治理的视角 [J].中国农村观察，2012（5）：47-53.

[23] 徐建牛，孙沛东．行业协会：集群企业集体行动的组织基础——基于对温州烟具协会的案例分析 [J].浙江学刊，2009（1）：200-205.

[24] 易明，杨树旺．产业集群治理的集体行动：影响因素及实现条件——以温州打火机产业集群集体诉讼为例 [J].宏观经济研究，2010（8）：65-71.

[25] 于建嵘．当前农民维权活动的一个解释框架 [J].社会科学文摘，2004（6）：44.

[26] 丘海雄，于永慧．中国制造的腾飞——珠三角产业转型升级的实证研究 [M].北京：人民出版社，2018.

[27] 陈振明．政府工具导论 [M].北京：北京大学出版社，2009:43.

[28] 郑小勇．行业协会对集群企业外生性集体行动的作用机理研究 [J].社会学研究，2008（6）：108-130.

[29] 曾鹏，罗观翠．集体行动何以可能？——关于集体行动动力机制的文献综述 [J].开放时代，2006（1）：110-123.

[30] 朱宪辰，李玉连．领导、追随与社群合作的集体行动——

行业协会反倾销诉讼的案例分析 [J]. 经济学（季刊），2007，6（2）：581-596.

[31] 赵鼎新. 集体行动、搭便车理论与形式社会学方法 [J]. 社会学研究，2006（1）：1-21.

后 记

　　本书是在佛山众陶联的大力支持下完成的。感谢众陶联在案例研究的实地调研过程中给予协助以及对本书出版给予资助。感谢中央高校基本科研业务费青年教师培育项目和广东省社科联基地珠三角改革发展研究院创新驱动发展研究中心的资助。最后，感谢光明日报出版社的编辑为本书出版所付出的辛劳。